読めば差がつく！

若手公務員の作法

高嶋直人◆著

ぎょうせい

まえがき

この本は、公務員として職業人生のスタートを切ったばかりの皆さんへのアドバイス集です。私は、人事院で国家公務員の新人研修を長く担当してきました。多くの新人職員は、溌剌と研修に参加しているのですが、中には採用後1～3か月と採用間もないにもかかわらず、既に不安を抱え元気をなくしてしまっている新人職員もいます。

その時いつも胸をよぎるのは、公務員としての心構えについて身近に適切なアドバイスをしてくれる人がいればスムーズに公務組織に溶け込み、スタートダッシュができたのではないかという思いです。

昔は課の中に一人、人望がある一見暇そうに見えるベテラン職員がいました。暇そうに見えても実は常に課員一人ひとりに目を配り、悩んでいそうに見えればよき相談相手を買って出てくれるありがたい存在でした。

しかし、今では人員削減によってそのような職員は姿を消してしまいました。この本は、組織に必要な一見暇そうなベテラン職員の代わりに少しでもなれればと思って書いたものです。

公務員になるには、公務員試験の合格という厳しい関門があります。そのこともあって、本来、スタートを切ったばかりにもかかわらず、何かゴールしてしまったような気持ちになり、大学入学時と同じようにいわゆる五月病になる新人職員もいます。

人は環境に適応する際、うまく適応する場合であっても多くの場合、一度気持ちが落ち込む時期があるといわれています。残念ながら落ち込んだ時にこの本が少しでも支えになればと思って書きました。

私自身、公務員としていろいろな思いを抱え今日まで来ました。多くの夢を実現できた幸せを感じる一方で、いくつかの点では夢かなわず正直挫折感を覚えてもいます。この本の読者はもちろん、今この本を手にとってくれている皆さんですが、新人の頃の自分自身も読者の一人と想定して書きました。そういう意味で、この本には私の実際の失敗経験に基づいた反省、教訓が多く含まれています。

公務員は、人の幸せの実現を自分の夢にできる素晴らしい職業です。公共の福祉に貢献している自負こそが厳しい時の心の支えになります。この本では、公務員という職業の魅力についても読者の皆さんにお伝えできればと思います。

読者の皆さん一人ひとりの公務員人生にとって、本書が少しでも役に立てれば幸いです。

人事院公務員研修所主任教授
高嶋　直人

目　次

第2章　公務員のはたらき方

第3章　公務員の人間関係

第4章　公務員のスキルアップ

第1章
公務員のあなたへ

どうして公務員にはこんなに制約があるのでしょうか？

公務員の行動に多くの制約があるのは、公務員の行う仕事の性格によるものです。ただ、その仕事上の要請であることを理解せず、決められたルールだけを考えるとなかなか納得できないかもしれません。そこで、なぜ公務員には多くの制約が課されるのか、またなぜ高い倫理観が求められるか、基本的なことからお話したいと思います。

● **公務員の基本的性格**

憲法で公務員は「全体の奉仕者」と定められています。これは、〝一部の国民の利益だけを考え行動してはならない〟、〝全力をあげて職務に精励する〟など公務員の基本を定めたものです。そのことから、政治的中立性を確保するための〝政治的行為の制限〟や国民生活を停滞させないための〝ストライキ権行使の禁止〟、〝信用失墜行為の禁止〟など公務員独自の様々な制約が課せられます。

公務員も国民の一人なので、国民一般に保障される人権は公務員にも基本的には保障され

高い倫理観を持つ

ます。しかし、憲法が求める「公共の福祉」を実現するため、公務員には一定の制約が求められると解されています。また、行政を円滑に進めるには、広く、国民、住民の行政への信頼が不可欠です。行政を執行する公務員が不祥事を起こし、公務への信用を失うことになれば、どんなに正しい政策であっても受け入れられない状況に陥りかねません。そこで、具体的には国家公務員法、地方公務員法、国家公務員倫理法等の法令に公務員が守るべきいろいろな義務が定められています。

その中には、過去の公務員の不祥事の歴史が色濃く影響している規定も存在します。たとえば、「利害関係者とはたとえ割り勘であっても一緒にゴルフをしたり、旅行に行ってはいけない」という国家公務員倫理規程の例などは、以前そのようなことをきっかけに不祥事が発生した経緯を踏まえて規定されたものです。若い皆さんはそのような背景を知らずに規定だけを見ると、不自然に感じられる方もいるかもしれません。しかし、そのような規定が置かれている理由も公務員が国民、住民から誤解を受けないためであり、公務員の基本的性格から導き出されているものなのです。

● 積極的倫理観

求められる公務員倫理観とは、ただ悪いことをしないということだけを意味するものではありません。悪いことをしないという消極的な倫理観だけではなく、よいことをするといった積極的な倫理観も求められます。具体的には、何か判断が必要なときに、法律や条例に違反しているかどうかという点に留まらず、国民、住民にとってどのような判断が望ましいかを追い求める姿勢が求められます。倫理には、消極的倫理と積極的倫理の二つがあり、積極的倫理についても深く考える必要があるのです。

公務員倫理については、皆さん一人ひとりが自分の頭で考え納得しておくことが必要です。公務員に高い倫理観が求められる本質的な理由を理解せず、決められたルールに従うことだけに終始すると、ルールではカバーしていないケースに対応できません。ルールの趣旨を正しく理解し、積極的な倫理についても考え行動する。その姿勢が求められます。

ポイント

- 公務員には、その職務の性格からより高い倫理観が求められる
- ルール内容を知るだけでなく、どうしてそのようなルールが課せられるのかについても、納得することが大事
- 「消極的倫理」だけでなく「積極的倫理」も考えよう

公務員に必要な正義感とは何ですか？

●常に謙虚な姿勢で

公務員に共通した使命は、「社会正義の実現」といえます。しかし、この正義とは具体的に何を意味しているのでしょうか。人それぞれ自分の信じる正義は異なりますが、この正義を統合する仕事がまさに公務といえます。ですから、どこかに万人共通の正義があるのではなく、その中身について公務員一人ひとりが常に謙虚に考える姿勢を持つ必要があるといえます。

時に、自分の信じる正義にこだわりすぎて自分の意見に拘泥する公務員に出会うことがあります。自分の信じる正義だけが正しく、他の人がそれを認めないのは正義に反するとまで思い込んでいる人さえいます。自分の中に正義の基準を持ち、常に自分を厳しく律する分には問題ないのですが、自分の正義観を絶対視するあまりに人の意見に謙虚に耳を貸さない姿勢は問題です。そのような人とは、建設的な議論が成立せず、勝つか負けるかのディベート的な議論しかできなくなるからです。

●正義感を客観視する

私は研修の中で、そのような人には自分の正義感を客観視できるような機会を提供することにしています。簡単な哲学的事例を用いて、研修参加者同士で議論してもらうのです。議論を進めていくにつれて、自分の判断と他人の判断の違いに気付き始めるのです。

研修以外でも自分の正義観を客観視する方法があります。それは哲学、中でも倫理学を学び、これまで長い人類の歴史において、正義がどのように整理され、議論が繰り広げられてきたかをまず知ることです。中でも有名なのは「義務論」と「功利主義」という二つの対立する考え方です。「義務論」とは動機に注目する立場、「功利主義」とは帰結主義とも言われ結果に注目する立場です（ただし、功利主義は結果主義ではなく将来起こる結果から考えるという立場）。このような倫理学の考え方に触れると、自分の正義観や価値観がどちらの立場に近いかがわかり、その反対の立場に立つ人々の意見の背景にはどのような正義観があるかを知ることができるようになります。

実は、このような学問は教養として万国共通に広く学ばれています。専門分化した我が国の大学教育では学ぶ機会が少ないのですが、ぜひ一度触れてみてください。最初は自分の正

公務員と正義

義感をチェックするツールと割り切って考えてもらって結構です。そのうち、多くの皆さんは興味を持って勉強されると思います。

皆さんの多くは、いずれグローバルな場面で国や各自治体を代表して話をすることもあるでしょう。自分の価値観の裏付けとなる深い教養を今のうちから身につけ、しなやかさを持って正義を追求し続けてみてください。

ポイント

- 正義感を持つことは大切だが、自分の正義感を絶対視してはいけない
- 自分の正義感を客観的に相対化するには、哲学、倫理学の素養が必要
- しなやかに正義を追求しよう

公務員はプライドを持ってはいけないのでしょうか？

● よい意味のプライドは必要

公務員にとって、よい意味でのプライドはもちろん必要です。そのプライドが、使命感や公務員としての矜持に繋がるとすれば、むしろとても大切なことです。しかし中には、間違ったプライド意識を持つ公務員もいます。公務には、国民、住民の権利を制限し、また、義務を課すなど大きな影響力を行使する権限のある仕事があります。また、国や自治体を代表して行動する場合には、民間の要職にある方と対等にお話をさせていただく機会もあります。そのような場合、ポストが持つ力を自分の力と錯覚してしまうと間違ったプライドを持つことになります。

自分が就いているポストの力を自分の個人的な力と誤解してはなりません。そのような錯覚、誤解をしないためには、仕事に対して公私の〝けじめ〟をつけることが肝要です。つまり、仕事を私物化してはいけないのです。公を預かる公人としての自分と、私人としての自

公務員とプライド

分との間にしっかりとした境界線を引きましょう。

●自分の行動を振り返る

公務員を長くやるとどうしても公務員らしくなります。もちろん、いい意味で公務員らしくなることはよいことです。プロ意識を持ち、公務員としての使命を達成するために不断の努力をする公務員は自然と公務員らしい立ち振る舞いが身につきます。しかし、悪い意味での公務員らしさを身につけてはなりません。立ち振る舞いが権威的になり、周りが自分を認めないと不満を述べるなど高圧的な態度を示す——そのような立ち振る舞いをしないよう日頃から自制が必要です。

公人として果たすべき役割に思いを馳せて常に省みること。私人としての自分の感覚も大事にして一私人として行政を見つめる視線も残しておくこと。このことで、バランスを図るように心がけましょう。

皆さんには、行政のプロであるとともに常識人であることも求められます。自分自身を振り返り、間違ったプライドを持っていないか、時々自己点検をすることをおすすめします。

ポイント

・自分のポストの影響力の大きさを自分の力と錯覚してはならない
・公私の別を強く意識しよう

私は挫折や失敗の経験があまりないのですが…

●少数者の意見を聞く

公務員は、常に社会的弱者、少数者の意見にも耳を傾ける必要があります。それは、行政の目指す「公共の福祉」が、単なる「多数者の福祉」を意味しないからです。どんな人も将来のことはわかりません。今多数派の中に属している人もいつ何時少数派となるかわからない。それが人生というものです。「自分が少数者、社会的弱者といわれるグループに属することになったとしても望ましいと思える行政サービスが受けられる」このような考え方が社会保障の考え方の基本にあります。

多くの人々は、今の自分の置かれている立場を前提に損得勘定だけで判断するのではなく、未来の国や地域、自分たちの子孫のことまでも考え総合的に判断を下します。単純な多数決だけで判断を下すのは、真の民主主義とはいえません。

公共の福祉のために働く公務員には、社会的弱者、少数者の意見をしっかり理解できるだ

けの感性が求められます。その時々に、メディアなどを通じて間接的に知り得た知識や情報には限界があり、それを補うための自分自身の体験は貴重です。

●積極的に現場を知る

これが、現在の公務員の多くがいわゆる受験エリートから構成されていることへの批判にも繋がります。公務員は入り口から能力主義が貫かれており、難しい公務員試験に合格しなければ原則として公務員になれないシステムになっています。それは確かに公平なシステムではあるのですが、特に最近は公務員試験に合格するような教育を受けるには、高い教育費を出せる家庭環境が必要となるといった背景から、公務員の多くが挫折を知らない裕福な層に偏っているのではないかとの指摘があります。

挫折は本人が望んでするものではなく、挫折を経験していない本人に責めがある訳ではありません。しかし、もしあなたが挫折を知らない人生を送ってきたという自覚があるなら、それを自分の弱さだと素直に理解してください。

私自身も偉そうなことが言える立場にありません。おそらく、挫折を知らない公務員の限界を持つ一人かもしれません。そのような限界を超えるには、積極的に現場を知り、幅広い人々から謙虚に話を聞くことしかありません。感受性の高い謙虚な公務員になるよう努力してみてください。

ポイント
・公務員には、社会的弱者の意見を正しく理解する感受性が必要
・挫折を知らないのは自分の弱点だと素直に認めよう
・現場を知り、謙虚に耳を傾ける。そんな公務員を目指そう

挫折と公務員

公務員としてお金の使い方はどのようなことに気をつけるべきでしょうか？

●身の丈に合った生活を

お金の使い方は、誰からも教わらないけれど重大です。皆さんも実感されていると思いますが、公務員の給与は特に若いうちは世の中一般のイメージとは異なり、決して高いとはいえません。その一方で、公務員の起こす不祥事の中には金銭に関わるものがあります。

派手な生活を送るか、質素な生活を送るかは、極めて個人的なことであり、基本的に組織が口を出すことではありません。しかし、公務員の場合には、生活苦などが原因で問題を起こすと厳しい処分を科される可能性がとても高いのです。ですから、公務員は質素倹約に努め、自分の収入に見合った慎ましい生活を送ることを心がけましょう。

そもそも、お金を目的に公務員になった人はあまりいないと思います。私もその一人です。しかし、お金の使い方には関心を持つべきだと思います。お金使いが荒く、いつもお金がない荒んだ生活をしていると、公務員は仕事にも悪い影響を及ぼしかねないからです。

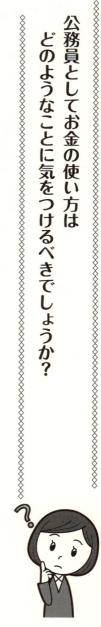

公務員とお金

●将来への投資

皆さんの周りには、「若いうちはお金の事を心配せず、どんどん使え」という先輩もいるかと思います。一般論としてそれも間違いではないと思いますが、やはり、公務員の場合には注意が必要です。公務員は国民、住民からも私生活も含めて厳しい目で見られるという現実があるからです。ギャンブルやお酒も自分が十分コントロールできる範囲、仕事に影響が出ない範囲でやることは不文律のルールといってもよいでしょう。

お金を使うとすれば、できるだけ将来の自分への投資に使いましょう。具体的には、本、旅行、人に使うことです。そういったものへの投資はすぐに目に見える形で回収されることはありませんが、幅広い経験は公務員にとって多様な価値観を理解する上でも貴重です。旅行はできれば途上国へ、人は自分と置かれた環境が異なる人とのお付き合いをしましょう。若い時期に幅広い体験をすることによって、人生の岐路に立ったときにより正しい選択ができるようになります。また、自分が逆境に置かれた時、自分を冷静に判断する強い心を持つことができます。

お金に振り回されることがないよう、常日頃、質素倹約に努め、意味のあるお金の使い方ができるよう心がけてください。

ポイント

・質素倹約に努め、安定した生活を送ることが特に公務員には必要
・お金に困る生活は仕事にも悪い影響がある
・お金は将来の自分への投資に使い、成長しよう

交友関係で気をつけるべきことは何でしょうか？

● 借りを作らない

公務員にとって、交友関係で気をつけるべきことは二つあります。一つは、公務員倫理に関係する話です。皆さんは長い公務員人生のどこかのタイミングで国民、住民に対して利益を供与することができるポストに就く可能性があります。現在は、そのようなポストに就いていなくても将来就く可能性があることを考え、決して民間企業の方から一方的な便宜を供与されないように気をつける必要があります。それは、民間企業の方との付き合いを制限せよというのではありません。借りを作らないように気をつけましょうということです。職員の倫理規程違反をしないことはもちろんですが、現在規程上許される範囲内であっても借りを作るようなことがないようにしましょう。

多くの不適切な事例には、刑法や倫理法で禁止されているような形態からいきなり始まるのではなく、最初の段階では問題のない範囲であったのがエスカレートした例が多くありま

す。人事異動によってそれまでのような付き合いはできなくなったにもかかわらずズルズルと関係を続けてしまった例もあります。中には、あえて警戒されない時期に近づいて来る人もいます。自分の公務員人生を無駄にしないためにも節度あるお付き合いがとても大事になるのです。

●役所外の人とも交友する

気をつけたいもう一つの点は（先の話との両立が難しい話ではあるのですが）、できるだけ役所の外の人とお付き合いをすることを心がけることです。役所は比較的多様性が乏しい集団から構成されます。交友関係が属性の近い公務員同士に限定されると、ものの見方や情報に偏りが生じます。公務員の仕事の多くは、国民、住民の気持ちや実情を踏まえて行うべきものです。公務員こそ公務員ではない人々と交流を図り、それらを知る必要があります。

私も若い時は、いつも同じ顔ぶれで飲みに行くなど小さな交友関係で安住してしまっていたと、今となっては反省をしています。人は自分が慣れた環境にいる方が楽です。しかし、それでは刺激もなく成長にも繋がりません。あえて自分を新しい環境に置くことを意識的に行うことで交友関係を広げ、自分を成長させることができます。

私も今では多くの民間企業の方々とお付き合いをさせていただいています。民間企業の方

公務員と交友関係

は私の考えの偏りを気付かせてくれます。〝人は人を介してしか自分を客観視できない〟という人もいます。その介する人は様々な意味においてできるだけ自分とは異質な人であることが望ましいのです。学生時代の友人を大事にすること、新たな交友関係が作れそうなところへは面倒がらずに積極的に足を運ぶことを強くおすすめします。

ポイント
・一方的な借りを作らない交友関係を作ろう
・できるだけ公務外の人とも付き合おう
・自分と違う人と付き合うことが自分を成長させる

人事評価で自分だけが評価されませんでした。どうすればいいのでしょうか？

●腐ったら終わり

まず、一番大事なことからお話します。それは、「腐ったら終わり」ということです。腐って損をするのは自分です。腐った態度をとっても、組織では自分の評価をますます下げてしまう結果になります。腐った態度をとると誰かが気にかけてくれると期待したとしても、ほとんどの場合その期待は空振りになります。厳しい言い方になってしまいますが、社会人として自己責任であることを自覚し、評価されないことをしっかりと引き受けていくほかありません。

ふてくされた態度を上司に見せることで注目をさせ、上司の自分への態度を変えようとする部下もいます。しかし、このような態度は子供じみた態度と見なされ、ますます評価を下げかねません。もし、そのことによって上司が気にかけてくれて、多少態度を変えたとしても同時に厳しい評価をしていることの方が多いのです。

冷酷な言い方かもしれませんが、誰かが欠けても組織は動きます。それが組織というものです。「腐ったら終わり」はもちろんのこと「腐ったふりをしても終わり」なのです。

● **主体的な生き方**

いきなり厳しい話をしました。それでは、評価結果をどのように受け止めればよいのでしょうか。人事評価制度の趣旨に沿って言えば、謙虚に評価結果を受け止めることが大事になります。それを反省材料として、次期評価期間は頑張るということになります。

しかし、私は評価結果に一喜一憂することがないよう心がけることも大事だと思います。そもそも、人が人を評価するには限界があります。また、学校教育と違って、絶対評価で全員を評価することはできない、仕組みの制約もあります。人に評価されるために働くのではありません。自分で納得がいくように働くことの方が大事だと思います。そうすれば自ずと評価はついてきます。自分として恥ずべき仕事振りがなかったかを自分で主体的に反省し、前向きに受け止めてみてはどうでしょうか。ある程度、世の中には不公平なことがあると理解した上でも諦めずに努力する。そのような主体的な生き方が皆さんの公務員人生を幸せなものにすると思います。

ポイント

・ふてくされた素振りをして上司が気にかけてくれても、同時に厳しい評価がされる
・腐ったら終わり。腐ったふりをしても終わり
・一喜一憂せず、主体的に生きよう

辛い仕事と向き合う

仕事が辛くて仕方ありません。どうすれば、楽しくなるのでしょうか？

●「楽しい」は自分次第

私は、研修の現場で多くの公務員に出会います。夜の飲み会にも参加して、本音を聞くこともあります。そこで実感することは、公務員は大きく二つに分かれるということです。

今自分の仕事の中に楽しみを見つけ、いきいきと働いている人。そして、もう片方は、今の自分の仕事は楽しくないと不満を持ち、早く異動したいと思っている人です。もしかして皆さんは、前者は光の当たるエリートコースを、後者は光の当たらない非エリートコースを歩んでいるのではと思われるかもしれません。しかし、意外にもそうではありません。むしろ、逆のケースが多く、私は、実際どのポストに就いているかということと、その人がその仕事に楽しみを見つけているかということは、ほぼ無関係だと思っています。

そのことは、この世の中に最初から楽しくて仕方ないといった仕事も、最初から辛いだけの仕事もないということを意味します。楽しいかどうかは自分の感情の問題であって、極め

て主観的なことだからです。

また、自分と仕事の相性もあります。自分が好きなことと他人が好きなことは基本的に違います。さらに、自分は自分の好きなことを知っているつもりですが、自分の好きなことは常に変わります。また、自分がこれまで経験したこともないことは、果たして自分が好きなことかどうか知る由もありません。つまり、好きかどうか、楽しいかどうかは、実際にやってみて、その瞬間に感じた結果に過ぎないということです。

現に私も週一回以上のペースで大勢を前に講師として話をしていますが、このような仕事を楽しいと感じるか辛いと感じるかは人それぞれだと思います。

●仕事を作る

長い公務員人生を充実したものにする秘訣は、まず、目の前の仕事をしっかりと受け止め、仕事の中に楽しみを見つけることです。それには、仕事に自分ならではの付加価値をつけるように常に創意工夫をしてみましょう。「仕事をこなす」と考えれば仕事は「作業」になります。そうではなくて「仕事を作る」イメージです。

もちろん、採用当初に与えられる仕事は、資料整理やコピーとりなど単純作業が多いかもしれません。でも、その仕事の中にも、発想を変えれば楽しみは見つけられます。どうせやるなら、仕事は楽しくやる。「仕事が最初から楽しい」のではなく、「楽しくやると仕事は楽しくなる」のです。

ポイント
・仕事は楽しくやろう
・仕事の楽しさは実際やってみなければ感じられない
・客観的に楽しい仕事があるのではなく、自分が楽しめば仕事は楽しくなる

時間どおりに出勤しているのに上司から注意されてしまいました…

●解釈のズレ

おそらく「時間どおり」の解釈にズレがあるのだと思います。組織には、明文化こそされていないけれど、守るべき、いわゆる暗黙のルールというものが存在します。それは決して悪い意味ではなく、明文化されていないだけで、その組織構成員の間ではしっかりとルール、慣習として認識されているものです。

時間どおりの解釈もおそらくその一つと思います。始業開始時刻について、仕事を実際に開始する時刻と考えるか、職場に出勤した時刻と考えるかで少しの時差が生じます。上司は前者と考えているのでしょう。

●明文化されていないルール

このケースのように、職場では明文化されていないルールに関して行き違いが起き、時に問題化することがあります。時間感覚はその典型例といえます。長年仕事をして、組織内の

時間どおりに来ているのに

序列を理解したベテラン職員から見れば、幹部職員がすでに着席している中、会議開始ギリギリに来る若手職員などはルール違反に映ります。会議に集合する順番は、階層の下の者からという規定を明文化している組織は存在しません。しかし、規定になければ自由であるということでもありません。社会や組織は、規定化されたルールと規定化されていないルールの両方から成り立っているからです。

同じく、始業開始時間ギリギリに出勤してくる職員についても厳しい視線が集まります。始業時間ギリギリに出勤することは、規定にこそ違反していませんが、やはり職場のルール違反といえます。

不合理な職場慣行は見直していく必要があります。しかし、自分の価値判断だけでその職場慣行の是非を判断し、不適切と考え違った行動をとる。そのような行動は自分に批判を集めるだけでなく、職場慣行の見直しにも繋がりません。

職場慣行を正しく見直すには、当面その慣習に則った行動をとりつつ、問題提起をする。そのような対応が必要となります。一人でルールを破ると、ルールを見直す意見を提起する資格を失うと理解すべきでしょう。

ポイント
・明文化されていないルールにも気をつけよう
・始業開始時間には、仕事を開始できる状態でなければなりません
・会議の集合時間も序列を意識し、早めに行くなど配慮しましょう

「他人の利益を優先しなさい」と言われますが、自分ばかりが損ではないでしょうか?

●ギブ・アンド・ギブ

「情けは人のためならず」という言葉は、本来情けを人にかけておけば、巡り巡って自分によい報いが来るという意味です。しかし、最近ではこの言葉を、人に情けをかけるとその人が自立心を失うからよくないと間違って解釈する人がおよそ半分になっています。

現在多くの人に全く逆の意味に解されているこの言葉ですが、人に情けをかけるべきという道徳的な行動を求める意味ではなく、客観的な真理をいっているとも理解できます。つまり、他人に情けをかけた方が自分も得をするという訳です。

私も若い頃は、人とお付き合いするとき、つい短期的な損得を考えてしまっていました。基本的発想がギブ・アンド・テイクだったのです。何かを差し出したのだから何かそれに相応する見返りを求める、何かを提供されることを条件にこちらも何かを提供する。そんな気持ちで人と対応することが多かったと思います。

しかし、そのような関係ではお互いの信頼感は生まれず、交流が深まることはありません。私は、ウィン—ウィンという言葉を知ったことをきっかけに、それまでのギブ・アンド・テイクの発想を切り替え、ギブ・アンド・ギブに行動を変えました。すると大きな変化が起きました。どんなに多くのものを提供しても、それ以上のものを提供してもらえることの方が多くなったのです。

実は心理学でもこのことは証明されているようです。人は他人から受けた恩恵に対して、それ以上のもので応えようとする傾向にあるというのです。そのような人が圧倒的に多いということは、仮にそうでない人が一部いたとしても問題ではありません。

ただし、その方がお得だから他人に優しくしましょう、と功利的な意味だけで申し上げている訳ではありません。このことは客観的な真理であり、また、これからの公務員には特に重要となる心構えといえます。

●相手の立場に立つ

これからの公務員は、役所の外にいる人々とどれだけ深いパイプを持っているかがその人のパワーとなり、仕事をする上で重要な要素となります。専門分化し複雑化する社会で我々公務員は公務組織の外にいる専門家の力を借りて仕事をする場面がますます増えることが予

利他の心を持つ

想されます。公務員は、自らスペシャリストとして活躍するだけでなく、公務組織の外にいるスペシャリストと協働して、行政に幅広い専門的知見を活かすことが期待されます。
外部の専門家と行政を繋ぐためには、外部の専門家を自分の仕事のために便利に使うという気持ちであってはいけません。相手の立場に立って、利他の気持ちを持って接することが求められます。そのことで初めて同じ目標に向けて行動をともにする「協働パートナー」としての関係が作られます。

ポイント

- 「情けは人のためならず」は真理でもある
- ギブ・アンド・ギブの行動が信頼を生み、ウィンーウィンの関係を作る
- その心構えは、外部専門家との協働のためにも公務員にとって特に重要

どうしても自分に自信が持てず、毎日が不安です。どうすれば自信が持てますか？

●等身大の自分

自分に自信がない人は、実は自己愛が強いといわれます。一見意外に思われるかもしれませんが、自分が人からどう見られているかを気にし、できればよく思われよう、高く評価されようという意識が強く、常に現実の自分と思い描く理想の自分との間にギャップを感じてしまうからだといわれています。

ダメな自分も素直に認めることが、自分を責めすぎず自信に繋がるという訳です。このような逆説的なことは通常気付きにくいと思います。いつか自信を持てる自分になりたいと焦る気持ちが、今の自分から自信をなくさせているということですから。

まずは、等身大の自分、今の自分を認めることから始めましょう。自己肯定感と呼ばれるこの気持ちは他人を肯定するためにも必要だといわれています。「自分を愛せない人は他人も愛せない」ということです。では、自己肯定感は、どうすれば持てるのでしょうか？　そ

の答えも意外なものです。人は他者との関係でしか自己肯定感を感じられないというのです。人のために自分が役立っている。他人に対して価値を提供できていると実感したときに初めて自分で自分を肯定できます。

●他人の役に立つ

自分に自信を持つには、他人のために役に立つことをする。これが答えになります。つまり、自分は人から必要とされているという実感が得られることが大事になるのです。

自信を持つには人と繋がる必要があると言われ、ハードルが上がってしまったかもしれません。人と繋がるための自信はどうすればよいのか。最初のその自信がないからこそ悩んでいるという声が聞こえてきそうです。残念ながら、その点についての特効薬はありません。とにかく、人とのふれあいを大事にすること、目の前の仕事を頑張り、人の役に立つことしかないように思います。

自信をつけるには、自分の得意なことを身につけることがよいと思って密かに努力しようとするかもしれません。しかし、その方向ではなかなか自信を持つことには繋がりません。自己啓発は大事ですが、自己啓発をどれほどしても必ずしも自信に繋がらないことは、私の経験から言っても事実です。インプットだけでなく人に対してアウトプットしてみる。その自分の姿を客観的に観察した自分が初めて自信を持つ。そんな感覚です。
人間心理は自分が日頃気づかない複雑なものがあります。これをヒントにぜひ実践して自信に繋げてみてください。

ポイント
・自信がない人の中には自己愛が強すぎる人がいる
・等身大の自分をまず自分が認めよう
・自信の元となる自己肯定感を持つには、他人のために役立つことをすること
・人との繋がりの中で自信は生まれてくる

ジレンマへの対応

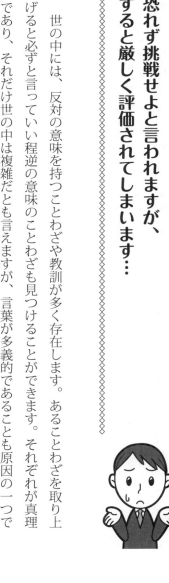

失敗を恐れず挑戦せよと言われますが、失敗すると厳しく評価されてしまいます…

世の中には、反対の意味を持つことわざや教訓が多く存在します。あることわざを取り上げると必ずと言っていい程逆の意味のことわざも見つけることができます。それぞれが真理であり、それだけ世の中は複雑だとも言えますが、言葉が多義的であることも原因の一つです。

以前、公務員は高い志を持つべきという意味で「目線を高く」と言ったら、「上から目線」のニュアンスに受け取られ批判されたことがありました。「国民、市民目線」という限りは正しくとも、その目線を果たして「低い目線」と言っていいのか判然としません。

● 両立できないかできるだけ検討する

最近は公務員に対して厳しい批判があります。しかし、批判それぞれは妥当だとしても全ての要求を同時に満たすことは困難なものもあります。たとえば、「公務員はもっと国民、住民に対し公平に対応せよ」との批判がある一方、「公務員は個人の事情に応じてもっと臨機応変な対応をせよ」との批判もあります。

この質問のように、公務員個人が失敗をすると内外から厳しく批判されますが、公務組織全般に対しては常に「失敗を恐れるあまり、事なかれ主義が蔓延しているのではないか」との指摘があります。「失敗を恐れず挑戦すること」と「失敗をできるだけしないこと」。この二つの命題は確かに相矛盾しているようにも思えます。

しかしそれでも両立することができないか考えてみてください。そうすると、やるかやらないかという最初の判断と作業過程での姿勢を切り離すことで両立可能と整理できることに気が付きます。そして、積極果敢に課題に挑戦した後、その過程においては失敗を最小限にするよう細心の注意を払うと整理しそれを自分の行動規範とすることができます。

●職場内で議論しておく

それでも公務員が本当に両立できない真のジレンマに立たされた時、どうすればいいでしょうか。最後は自分の信じる正義観に従って信念をもって行動するほかないといえます。しかし、本来的には組織としての優先順位を決めてあらかじめ職員に示しておくことが理想です。民間企業でも「利益と信頼」のように、時としてどちらかを選択せざるを得ないようなジレンマに社員が立たされることがあります。その際、利益を犠牲にしても信頼を優先せよとあらかじめ社員に示し社内教育を徹底している企業もあります。役所では残念ながらそのような組織内教育がなされているところは少なく、現場、個人に判断が委ねられているところが多いと思われますが、それでも職場の中で常日頃議論を深めておくことが望まれます。

ジレンマへの対応

ポイント
・ジレンマに立たされた時安易に二者択一の判断をしてはならない
・可能な限り両立を図り、最後は自分の信念に従い行動しよう
・ジレンマに立たされた時の対応ぶりを職場で議論しておこう

Column

◆役所の能力・実力主義◆◆◆◆

公務員でも能力実績主義に基づく人事が推進されています。今では、「これまでの人事慣行から脱却し、能力及び実績に基づく適材適所の人事配置を図る」ため、国家公務員、地方公務員ともに、法律で能力・実績主義に基づく人事管理が求められています。

今後予想される変化とそれを踏まえて皆さんはどのような心構えが必要になるかを考えてみましょう。

・育　成　国家公務員については、計画的に幹部候補生を育成するシステム（幹部候補育成課程）が平成26年8月29日からスタートしました。このシステムでは、対象者の選定においても能力・実績主義が貫かれ、試験の種類などにとらわれずに主に人事評価の結果によるものとされています。また、従来に増して各府省で計画的な育成を図るとともに、内閣人事局や人事院が実施する研修に職員を積極的に参加させるよう求めています。

今後は、各府省とも職員の育成にこれまで以上に熱心になることが予想され、皆さんは日々自己研鑽を積み成長し続けることが求められます。

・配　置　試験の種類や試験区分で固定的な配置をしてきた場合は、それを見直して人事評価の結果などから柔軟な配置をすることが求められています。

これは、試験の種類や区分と配置の関係がこれまで以上に弱くなることを意味しています。現在でも試験の種類は採用後のキャリアに直接関係するものではありませんが、これからはますます関係のない方向に向かうことが予想されます。

・昇　進　各府省は、いわゆる抜擢人事を進めるよう求められています。これまで昇進には、採用年次が大きな意味を持ち、年功序列と厳しく批判されてきましたが、さらに大きな変化が起こることが予想されます。実は、これまでも厳しい評価を踏まえた昇進が行われてきました。しかし、内部からみた場合に厳しいと受け止められても、外部からは見えにくく、また、特定の役職段階まではそれほど大きな差がつかないことも否めない事実でした。それをこれまで以上に差をつける厳しい人事にしようとするものです。このことは、能力があり、実績を残した職員は若くして高いポストに抜擢起用されることを意味します。自治体もこのような方向性で人事運用が変化することが予想されます。このような変化は、早く大きな仕事をしたいという若者には魅力的な人事といえます。

・給　与　新たな人事評価制度が導入され、その結果が給与に反映される制度が多くの役所でスタートしています。そのため、以前に比べて既に給与には大きな差がつく仕組みとなっています。

以上のように能力・実績主義の推進は、公務職場が、従来に比べて厳しくなる反面、頑張った職員はいろいろな形で報われる「やりがいのある職場」へと変身することを意味します。

第2章 公務員のはたらき方

会議のメモ取りや議事録作成は何のためですか?

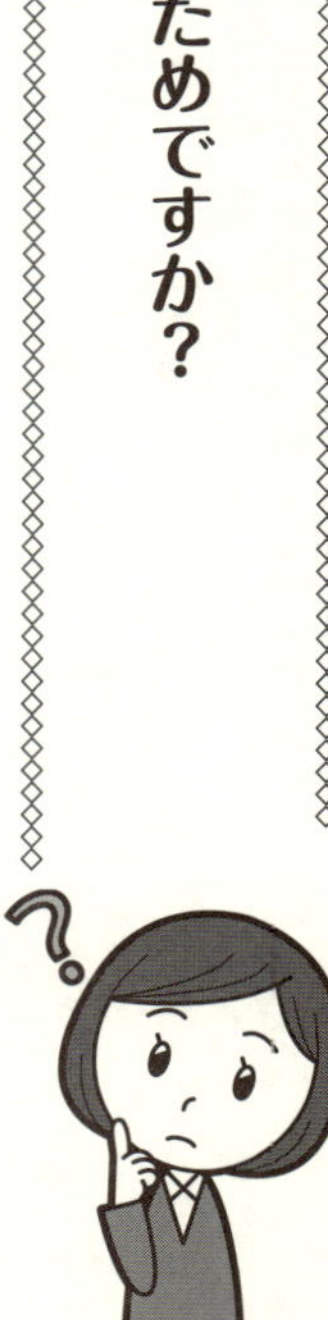

若手職員を会議に参加させる理由は、何かあったときの備え、そして育成の機会を与えるという二つの理由であることが多いと思います。その理由がどうであれ、補助的業務のように感じられ、なかなか前向きに受け止められないというのが本音かもしれません。

しかし、どうせやる以上は、前向きに受け止めた方が自分にとって得です。会議の同席を仕事の全体像を掴むチャンス、また、会議の席での立ち振る舞いはどうあるべきかを考える貴重な機会といえます。

●メモ取りは成長の機会

私も若い時、会議の設営やメモ取りを多く経験しました。会議の議事録作成の仕事は面倒であり、それがあまり活用されていないこともあって、正直あまり意義を感じていませんでした。しかも、そのメモに上司が手を入れるのです。過去の事実を客観的に描写する記録である以上、表現に工夫を加えたところであまり意味はないと思ったものです。

会議に参加

しかし、自分が逆の立場に立った時、初めて文章に手を入れてくれる上司がありがたい存在であることに気がついたのです。人の文章に修正を加えるという作業は、実に手間のかかる作業です。修正すべき点が多い文章は、全部書き直す方が早く楽です。それをぐっと我慢して、部下が作成した文章に手を入れる形で直す。実は忍耐のいる作業なのです。

育成の機会と前向きに捉えて、それを自分のために活かすには、あえて少し高い目標を自分に課してみてはどうでしょうか。例えば、メモはできるだけ速やかに作成する。発言の真意を確認するために日頃言葉を交わすことがない職員には確認を求めると同時に、それをその職員と会話を交わすきっかけにする。このように前向きに捉えれば、成長のチャンスとなり得ます。

●自分が発言するとしたら、と想定する

また、実際の発言は難しいとしても、自分も発言者の一人と仮定し、常に自分ならば何を言うかと考えてみることも有効です。いずれ発言できる立場になった時には、そのような経験が活きます。

私は自分が課長であった時は、メモ取りで参加している若手職員に時々あえて発言を求めるなどして働きかけをしていました。少し意地悪のようですが、そのことで緊張感を持って

参加できると思ったからです。自分よりも上の立場で考えることを習慣にしている職員は成長できます。少し背伸びをすることによって、雑用を成長の機会に変えることができるのです。

ポイント

・会議参加はどんな理由にせよ前向きに捉え自分の成長の機会としよう
・文章を直してくれる上司はありがたい存在
・「自分が発言するとしたら」と考えるだけで、成長の機会にできる

メールについて気をつけるべきことは何でしょうか？

●メールは補助的な手段

メールは便利です。皆さんにとっては、ごく当たり前のコミュニケーションの手段であり、メールのない生活は考えられないかもしれません。しかし、職場でのメールをめぐるトラブルは多く、注意が必要です。

よくあるトラブルは、重要で緊急な案件もメールだけで済まそうということで起きるトラブルです。学生時代と違い、メールを送った相手先には、一日だけで何百というメールを受け取る人、連日出張でメールをなかなかチェックできないような忙しい人も含まれます。

〝メールを送りさえすれば、自分の責任を果たした。〟そのように考えてはいけません。トラブルの責任はメールを放置した相手方にあると思うかもしれませんが、コミュニケーションの大原則は受け手基準です。つまり、メールを開いてもらい、返信をもらって初めてコミュニケーションが成立し、送り手であるあなたの責任はそこで初めて果たしたことになる

のです。

相手に何か具体的な対応をお願いする場合には、メールは補助的な手段と理解し、電話または対面でお願いすることを習慣にしましょう。「今からメールをお送りするので、よろしくお願いします。」の一言だけでいいので、電話する手間を惜しまないようにするのです。

また、メールは誤解のもとにもなります。双方向性のある電話、対面での会話に比べて一方的な文章によるメールはそもそも誤解されやすい性格を持つ手段と言えます。

さらに言えば、年輩の職員の中には、未だにメールだけの対応がそもそも失礼であると感じる人が多いのも事実です。私も年のせいかその気持ちはよくわかります。同じ組織にいても、メールでしかやりとりしたことがない若い職員がいます。そのような職員と足を運んでくる職員のどちらに好感を持つか。その答えは明らかです。面倒だと思わずに、時には直接話をする機会を自分でつくるようにしましょう。

●返信は素早く

また、逆にメールを受ける立場として気をつけることもあります。それは、可能な限り早く返信をすることです。特に、具体的な反応を求めていない場合でも、「メール受け取りました」「メールありがとうございました」と素早く返信するだけでも送り手の印象はよくなるものです。何ら反応がない場合は「無視されているのではないか」との無用な不安を相手に与えかねません。あらかじめ、メールの用例を用意して、効率的に返信する技を身につけることも必要です。

最後に、メールで休暇を届けてはならないということにも言及しておきます。どうしてもその手段しかとれない場合を除き、休みをメールで届けることはやらないようにしましょう。上司によっては注意してくれるかもしれませんが、注意してくれる上司はまだ良い方で、注意してくれない上司に限ってそのような立ち振る舞いに対して厳しい評価をするかもしれません。

ポイント

・メールは補助的手段と心得よう
・電話、対面のコミュニケーションも図り、誤解を避けよう
・返信は早く出そう
・メールでの休暇届けは厳禁

仕事を効率的に進めることができず、残業になってしまいます…

●段取りを考えてから着手する

ワークライフバランスを実現するためにも、仕事を効率的に進めることが求められます。しかし、若手公務員の共通した悩みは、いろいろな雑用を命ぜられ自分で計画的に仕事を進めることに限界があること、早く帰ることが推奨されているとはいえ、上司より先に帰ることは躊躇されることだと思います。

確かに仕事をしっかり任されずに常にその一部を手伝う場合には自律的な仕事をしようにも一定の限界があります。しかし、それでも自分でコントロールできる範囲はしっかりと段取りを考えてから着手することが効率的な進行につながることは間違いありません。

他律的な仕事が多い場合、随時修正ができるような方法で段取りをしておく必要があります。仕事を把握し、コントロールするのにおすすめするのは、付箋の活用です。まず、処理すべき仕事をそれぞれ期限で一覧できるものを作ります。それと同時に、その日やるべき仕

事を付箋に書き出して机の上に取りかかる順に並べて貼り付けます。そして、緊急なミーティングなど他律的な仕事が入ることによって変更が必要な場合には、仕事の項目が書かれた付箋の一部をはがして順番を変えたりします。

この方法は、そのために要する手間が最小限であること、柔軟性があることがメリットです。計画ばかりして肝心の仕事の時間が犠牲になる。勿論そのことが一番大事なポイントですが、どんな場合でも常に段取りだけはしておくこともポイントです。どうせ計画をしていても仕方がないと諦めてしまい段取りをすること自体を止めてしまうと効率化自体も諦めたことになってしまいます。

先程の方法はほんの一例ですが、効率的な仕事をしている職員に共通しているのは自分なりの方法論を確立し段取りをしっかりと実践していることです。慣れてくると、仕事をしている自分とそれを管理している自分とをうまく切り換えることができるようになります。意識的に段取りをしていると自分を管理する能力も向上します。仕事に要する時間の見当もつくようになってきます。

●仕事をマネジメントする

時間を気にせずやみくもに仕事をすると時間管理というスキルはいつまでたっても身につ

きません。段取りを習慣化すると、自分を客観視する力も養成されます。

「タイムマネジメントスキル」という言葉があります。時間を効率的に使うための様々なスキルのことを言いますが、その中身は時間をマネジメントするというより、制約のある時間の中でいかに効率的に仕事をマネジメントするかというものです。仕事のやり方をそのままに無駄な時間を作らない工夫だけをしたのでは、いずれ限界にぶつかります。もっと「簡単」で「早い」仕事のやり方はないか、常に「改善」を考えながらやってみましょう。

最後にもう一つ。仕事の優先順位については、「重要で時間がかかるけれども急ぎでない仕事」を後回しにしないことがポイントです。仕事の中身を考えずに常に期限が早く来る順で仕事をしていると常に仕事に追われるいわゆる自転車操業になりかねません。緊急度だけでなく、重要度、困難度も含めて判断しておく必要があります。

私は自分の性格も踏まえて、午前中はできるだけ期限のある仕事を済ませて余裕を作り、午後は期限が逆でも時間のかかる仕事に充てるようにしてバランスを図っています。皆さんも自分に合った仕事のやり方を見つけてみてください。

段取り力で効率化

ポイント

・変更を余儀なくされることが多くとも常に段取りをしておくこと
・段取りが効率化に繋がる
・時間より仕事をマネジメントしよう
・期限だけでなく仕事の内容も踏まえた段取りをして自転車操業にならないように気をつけよう

住民と意見が対立している案件では、どのような姿勢が必要でしょうか？

●互いの立場を尊重する

行政の判断が住民の意見と食い違い対立した場合、担当する公務員の苦悩は計りしれません。時に厳しい言葉が投げつけられることもあります。しかし、公務員として望まれるのは、言うべきことは冷静に述べつつも決して感情的になってはならず、国民、住民を非難しないという姿勢を貫くことです。

国民、住民の主張を論破することを目的としてもいけません。あくまで目的は行政の示した判断に対して国民、住民の理解を求めることであって、国民、住民の主張を否定することではないからです。

私は以前研修を通じて、成田空港建設に際して大変な苦労をされた国家公務員ＯＢの方から直接話を聞いたことがあります。その方は、何度も何度も反対住民の方を訪れたそうです。行政の立場を説明し理解を求めるだけでなく、住民の意見も真摯に聞き最後は互いの立場を尊重し合う関係性を作ることに力を注いだそうです。「意見は違うが相手の立場を認める」という互いの信頼に基づく人間関係をつくって初めて建設的な話が始められたそうです。

論理に走らない

●論破ではなく理解を求める

その点、難しい公務員試験に合格したいわゆる「試験秀才」は間違いを犯しやすいとも言われます。私もおそらくその一人であり、若いときは論理では決して負けまいと意気込んでいました。しかし、論理に強いことは仕事をする上で必要条件ですが、十分条件ではありません。何故なら、論理で相手の主張を論破しても相手は納得するとは限らないからです。むしろ、逆の場合の方が多いかもしれません。全面勝利は遺恨を生みます。議論で勝つことを目的するのではなく行政判断に賛同してくれることを目的とする。その姿勢が求められます。

「論理性」と同時に公務員に必要なのは「人間性」です。厳しい状況にあっても、国民、住民を尊重し、理解を求める姿勢に徹しましょう。

ポイント

・論破してはならない
・議論に勝つことを目的としない
・信頼を得て、理解を求めよう

フォロワーシップの発揮

フォロワーシップとはどのようなことでしょうか？

● リーダーの良き支援者

上司には部下に対して「リーダーシップ」が求められるように、部下には上司に対して「フォロワーシップ」が求められます。リーダーシップの対義語がフォロワーシップという訳ですが、フォロワーシップが注目され始めたのは最近のことです。その組織のマネジメントの質は、上司がどれだけリーダーシップを発揮しているかだけでなく、部下のフォロワーシップがしっかり発揮されているかが大きな要素であることが指摘されたからです。今では、部下として必要とされる行動を習得するためのフォロワーシップ研修なども一部の企業で盛んに行われています。

フォロワーシップの具体的内容は、リーダーシップについても様々な定義があるように一様ではありませんが、私は上司のリーダーシップを引き出し、マッチさせ、組織成果の最大化を図るためにとる部下の活動と定義したいと思います。

戦国時代でも〝良き武将〟にはほとんどの場合〝良き側近〟がいました。その側近のとった行動をイメージするとわかりやすいと思います。リーダーの足りないところを補ったり、リーダーを立てつつも意見を述べたり、そしてある時はリーダーをうまくコントロールしたり。リーダーと協力してある目的遂行のために必要とされる行動を主体的にとる。そのような行動がフォロワーシップと言えます。

このようなことは、これまでも良い部下になるにはどうすれば良いかといったテーマで語られてきたのですが、「主観的」な要素、つまり「スキル」ではなく「態度」のイメージが強かったと思います。フォロワーシップという言葉を使う意義は、部下が主体的に行動することを前提とした習得可能な客観的なスキルと明確に位置づけたことだと思います。

それでは、部下に必要な主体的行動とは何でしょうか。それは、上司であるリーダーが必要としている支援です。リーダーの良き支援者として指示せずとも主体的に行動する。これがまさにフォロワーシップの本質と言えます。

●主体的に行動する

中間管理職になると、上司の立場で部下をみることができるため、自分自身の部下としての行動にも変化が現れると言われます。皆さんは、まだ、部下という一方の立場でしかない

フォロワーシップの発揮

ため、上司として部下に何を求めるかについて具体的なイメージが湧きにくいかもしれません。しかし、上司の求めるものは何かをどこまで理解できるかが勝負です。上司の求めるものを理解する力を身につけるには、まずは、観察をすることです。先輩の動き、その時の上司の反応などを観察して、お手本となる先輩職員の動きをまずは真似してみましょう。

上司の立場からみた良い部下とは、このように自ら積極的に必要な行動をとる部下です。反対に悪い部下とは、指示待ちで指示命令したことしかしない部下、最後まで仕事の当事者としての意識が薄く仕事を作業と捉える部下です。

私はこれまで部下に対しては、全ての仕事に「自分の付加価値を付ける」ことを求めてきました。そのような意識で仕事をすることによって、仕事が楽しくなります。中には最後まで上司の出した指示をいかにクリアするかを考えて受け身で仕事をする部下もいました。しかしそのような部下も、仕事とは自分で考え自分で作り上げるものだと理解し、見違えるほど仕事を楽しむ姿勢に見事に変身してくれたこともありました。

「任され作業」ではなく引き受けた以上「自分の仕事」にする。そのことがフォロワーシップを発揮する基本姿勢といえます。

リーダーシップとフォロワーシップの両方が適切に発揮されて初めてその組織は強くなれ

るのです。フォロワーシップで一番必要なのは、リーダーの思いを理解する能力と主体的行動です。日頃から「自分が上司なら」と考え、観察してみましょう。

ポイント

・フォロワーシップはリーダーシップとともに組織を支える重要な要素
・上司の求めるものは何かを理解できるようになろう
・自分の付加価値をつける気持ちで当事者意識を持って仕事をしよう

上司からみた望ましい部下とはどんな部下ですか？

上司からみた望ましい部下とは、どんな行動をとる部下でしょうか。世間で望ましい上司像はよく語られます。しかし、望ましい部下像は何故かあまり語られません。しかし、部下次第で上司の発揮する力は異なり、部下も組織成果の最大化に貢献する役割を負っています。

● 上司に気持ちよく仕事をさせる

私は望ましい部下像を考えるとき、いつも心に浮かぶ人がいます。それは、私が大学を卒業し人事院に採用されたとき同じ課にいた先輩〝Aさん〟のことです。彼は、いつも周りの人の心配りをして彼の周りには明るい空気が作られる。上司からもかわいがられる人気者。そんな先輩でした。しかし、一部には、〝上司のゴマすり〟、〝世渡り上手〟という陰口を叩く人もいました。実際は、上司だけでなく同僚や後輩に対しても同じく温かく接する方なのですが、上司の方から重用されたためにそんな批判があったのだと思います。

それから数十年後、私が課長となったとき、Aさんは同じ課のナンバー2の総括課長補佐となりました。その時、私はAさんの本当のすごさを改めて知ることになったのです。それは私が何をしたいか、何に困っているかを即時に察して、私が何か言う前にしっかりと準備をしてくれていたのです。それだけではありません。私がやるべきことを失念した時にもそれとなく気づかせてくれるのです。上司を気持ちよく仕事をさせつつ的確なサポートをする。これはまさにフォロワーシップの神髄と言えます（もちろん今もAさんのことを心から尊敬しています。）。

●部下の責任

上司には、部下に気持ちよく仕事をさせる責任がある。このことに異論を挟む人はいないでしょう。しかし、部下にも上司に気持ちよく仕事をさせる責任があると言われたらどうでしょうか。疑問を持つ人も多いと思います。しかし、それでもあえて部下の責任と理解した方が部下のためでもあると確信しています。責任と理解することで自分自身を成長させます。

上司と部下の関係が極端な主従関係であることは、時にお互いにとってマイナスになります。上司と部下の健全な関係は一方的な依存関係ではなく、相互補完関係であるべきと私は

上司を気持ちよく働かせる

考えています。そのような健全な関係を構築するには、部下から上司への働きかけも必要なのです。

また、良きリーダーはフォロワーでもあると言われます。今、皆さんが部下としてフォロワーシップを積極的に実践することは、将来、皆さんが上司の立場に立った時に正しくリーダーシップを発揮する上で貴重な経験となります。

上司を気持ちよく働かせる部下をぜひ目指してみてください。

ポイント

・上司に気持ちよく仕事をさせる部下の働きは重要
・上司と部下の健全な関係構築のためにも積極的に上司に働きかけよう
・将来の自分のためにも上司に心遣いができる部下を目指そう

上司や先輩職員に質問をするときに気をつけるべきことは何でしょうか？

●話しやすい質問

「質問力」という言葉が一般化したように、質問するスキルの重要性が認識されてきました。私も大学教授という立場から質問のうまい学生とそうでない学生、研修講師という立場から質問のうまい研修参加者とそうでない研修参加者を数多く見てきました。うまい質問かどうかは、質問された側の立場に立った場合に話しやすいかどうかだと思います。

どんなに深い内容、本質的な内容の質問だとしても質問は回答とセットで評価されるものです。回答が不可能ないい質問というのは存在しないのです。それでは、話しやすい質問とはどのような質問でしょうか。それは、回答を求められている人にとって得意で、話したくなるテーマであること、何を聞きたいかポイントが絞られていることの二点が条件です。話しにくい質問は、その逆で専門外のことや何を聞きたいのかわからないような質問です。

質問の仕方を工夫する

●相手に多く話をさせる

特にみんなの前で行われる質問の中には、実質的には質問する側の意見表明というものもあります。典型的なのは、「私は○○に関して△△だと思う。それについてどう思うか」というような質問です。意見交換ならばそれでも良いのですが、質疑応答であれば、質問する側の意見、主張は質問の背景を説明するために必要最小限度で許されるというべきでしょう。まわりを意識するがために逆に質問ではなく意見表明になってしまう。そのようなことにならないよう注意が必要です。

また、答えにくいもう一つの典型的な質問は、回答が「イエス」か「ノー」かの二択となるような質問です。最後のフレーズが「○ですか？　それとも×ですか？」というような質問です。このような質問は広がりがなく、そこから話を展開しづらいという欠点があります。また、世の中の多くの疑問は二択で整理されるものではなくそのどちらでもないというのが回答だったりもします。

いい質問をするには、できるだけ相手に多く話をさせるようにすること、できるだけ回答内容を展開するように連続性を確保するようにすることです。そして、教えてくれるのが当たり前といった態度ではなく、感謝の気持ちを示すことも大事です。質問されること自体は、多くの上司、先輩にとって嬉しいことです。以上のことに注意を払い、積極的に質問をしてみましょう。

ポイント
・答えやすい質問、答えたくなる質問が良い質問
・自分の主張が中心の質問、二択で答えを迫る質問は悪い質問
・質問されることは上司、先輩も歓迎するので、積極的に質問しよう

上司の指示がころころ変わる

上司の指示がよく変わって困ります。部下としてどのように対応すべきでしょうか？

部下は上司を選べない――よくそんな言葉を聞きます。私は研修の現場で職場の問題を質問することが多いのですが、「うちの上司は無能で自分は被害者だ」そのような不満を良く聞きます。確かに、ほとんどの公務員は自分で配置を決められません。どんな上司に仕えるかは、めぐり合わせとしか言えません。しかし、上司を無能と決めつけても状況は変わりません。仮に本当に無能な上司だったとしても、部下の対応次第である程度状況は改善できます。

● 自分の意見を言う

まず理解すべきことは、上司は思いつきで指示を出すことがあるということです。部下に比べ限られた情報で、短時間の判断を求められる上司の判断が熟慮してあげた部下の判断に比べ劣ることもあります。しかし、組織とは、上司と部下の双方向によるコミュニケーションを通じてより良い判断をすることが大前提です。上司の判断に納得がいかない場合でも、

上司の感情を害さないよう配慮しながら自分の意見を述べるようにしましょう。

最終的には責任を負う上司の判断に従うのが組織のルールです。しかし、その最終判断に至るまでの過程で、部下が立場をわきまえつつ意見を述べるのはむしろ部下としての義務と言ってもいいでしょう。上司にとっても自分の意見を言わない部下は不安に思います。自分が上司の立場であったらどのように考えるかを常にシミュレーションしてから上司に対応しましょう。

●自分の行動も振り返る

組織の中では、ある人が１００％悪くてある人が１００％正しいということはあまりないように思います。仕事がうまく進まない原因の何割かは自分にも責任があるのでは、と謙虚に振り返ることが大事です。これを最近は「自責」という言葉で上司だけでなく部下にも求める考え方が浸透しつつあります。

自責は自虐ではないことに注意してください。必要以上に自分だけを責める必要はありません。でも、いつも全ての原因を自分以外の人や環境に求めるのでは成長もないのです。上司の指示がよく変わったことは事実としても、どのような働きかけが必要であったか、「報連相」が十分であったかなども振り返ってみましょう。意外とコミュニケーション不足が原因のケースも多いものです。

上司の指示がころころ変わる

ポイント

・指示は一方的に聞くのではなく、部下からも前向きな質問で目的を確認しよう
・どこまで任されるか、期限はいつか、どの程度まで求められるかについてもできる限り聞き出そう
・上司は時に思いつきで指示する場合もある。間違いなどはうまく伝えよう
・「自責」で考え、改善策を探ろう

上司の判断に意見をしたら、怒らせてしまいました…

●上司の反感は買わない

「上司の間違いをどうやって正すか」という問題は、多くの部下の共通の悩みです。上司の間違いに対し、毅然とした態度で指摘する部下は組織に必要です。ビジネス本の多くにもそんな言葉が並ぶように、そのような行動は、部下として基本的に正しいと言えます。

しかし、実際に上司の面子を潰さず間違いをうまく伝え、上司に間違いを正させることは難しいことも事実です。上司の反感を買ってしまったのでは、結果として間違いが正されないことにもなりかねません。上司の間違いを正す場合には、部下としていくつかの点を踏まえておく必要があります。

まず、一つ目は、日頃から上司と信頼関係を構築しておくことです。日頃接触が少なく、信頼の積み重ねがない関係性ではいきなり話をしても聞き入れてもらえる可能性は低くなります。

代案提示型で意見を述べる

二つ目は、上司の決断を全面的に否定することなく、できるだけ代案を提示する形で修正の方向に導くことです。特に注意すべき点は、決して評論家のような言い方で上司の判断を批判しないことです。あくまで当事者として責任を共有する立場でものを言わなければ、上司は聞く耳を持ってはくれません。

●当事者意識を持つ

私の経験を正直に言えば、部下からは間違いと指摘される場合の多くは上司も内心最善の判断とは思っていない場合が多いように思います。100点の考えが見当たらずやむを得ず80点の案を採用せざるを得ない時に、内心感じていたマイナス20点をただ批判するだけの部下の発言は、上司にとって意味をなさないのです。部下の指摘はマイナス20点を指摘するのではなく、80点以上の代案を提示して初めて意味を持ちます。

上司から「批判だけは一人前」とみられる部下になっては、いざという時にも意見を聞いてもらえなくなります。当事者意識を持ち、代案提示型で意見を言ってくれる部下は信頼のおける腹心として上司からの信頼を得られます。日頃から上司とはコミュニケーションを密にして、気軽に話ができる関係性をつくっておくことにも注力してみてください。

ポイント

・日頃から信頼関係をつくっておこう

・批判に終わらず、当事者意識を持ち、代案提示型で意見を言おう

上司から前例のない仕事を任されました。気をつけるポイントは何でしょうか？

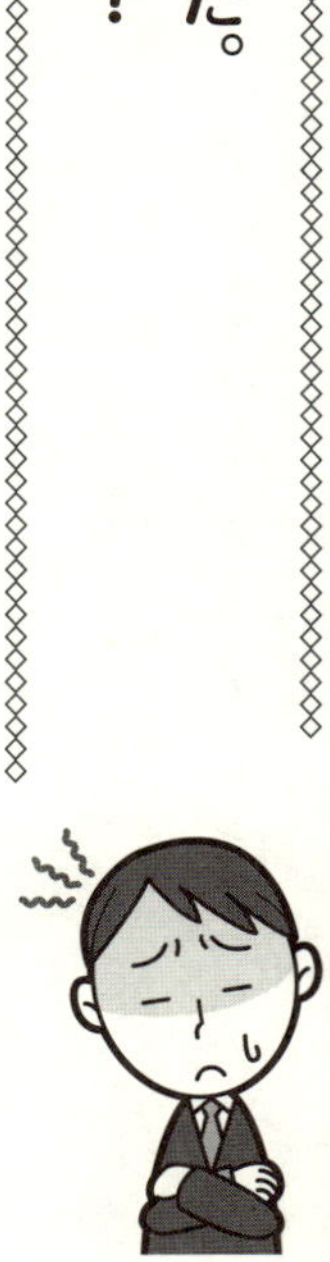

上司から仕事を指示される際、部下がどのような反応をとるかということが、その部下がその後上司から重要な仕事を任される存在となれるかどうかを左右します。それほど、上司から仕事を指示される時の最初のリアクションは重要です。

一般のビジネス本の中には、上司から仕事を指示された時には、「目的、期限、対応方針、でき映え」について逆質問して、誤解がないように十分な意思疎通を図りましょう、というように書かれていたりします。しかし、私の管理職としての経験から本音を言えば、そのように即座に逆質問をしてくる部下には心情として前例のない難易度の高い重要な仕事を振りたくなくなるものです。それは管理職としていかがなものかと言われれば確かにそのとおりなのですが、おそらくこの理屈を超えた上司の心情は多くの上司に共通だと思います。

●質問攻めにしない

私は総務課長を三年間やりました。総務課というと庶務的なルーチンワークが多いイメージですが、どこの課も所管していない新たな行政課題への対応などイレギュラーな仕事も意外に多いものです。これまで前例のない案件に対して所管課も決まらないうちに初動対応を迫られることが多い状況で仕事をしました。皆さんの上司である課長の仕事も程度の差こそあれ何割かはそのような仕事で占められています。実は管理職の仕事の何割かは常にイレギュラー対応なのです。

そのようなイレギュラーな案件を部下に任せ、対応案を検討してもらおうとするときに、一番困る部下の対応は、いきなり対応方針まで求めてくるものです。対応方針まで含めて考えてもらいたいというのが上司の本音であって、限られた条件下で共に知恵を出し合う仲間としての役割を期待しているのに、いきなり、まるで答えを聞き出そうとするかのように部下に対応されると困ってしまうのです。

そういうときは、「はい、わかりました」と言って、仕事を任されることを了解した旨を先に言うこと。そして、上司の様子を見計らい少し時間をおいてから自分なりの腹案を持って上司に相談をする。そのような対応が実際には望ましいと思います。

とりあえず〝NO〟と言わない部下。このように書くと時代錯誤の古い価値観を押しつけているように感じるかもしれません。また、そんな上司は管理職として失格と思われる人も

前例のない仕事

いるでしょう。しかし、上司も忙しい中仕事をどうにかやりくりしている生身の人間です。上司の限界も知りつつ、良き仕事のサポート役を引き受ける気持ちで対応することが、やりがいのある仕事を任される存在となることに繋がります。

上司をいきなり質問攻めにすると大事な仕事も任されにくくなる。不条理かもしれませんが心に留めて置くことをおすすめします。

ポイント
・上司も方針がないまま部下に仕事をふらざるを得ない場合がある
・まずは、引き受けることを了解する旨を明らかにしよう
・腹案を持って相談されることを上司は期待する

初歩的なことを聞けずにいたら、今さら聞くことができなくなってしまいました…

知らないことを聞く。このことは、新人の時期だけに認められる特権です。しかし問題は、その期間がとても短いということです。長く見積もっても半年くらいで期限が来てしまうのです。わからないことはできるだけ早い時期に恥ずかしがらずに聞くことが必要です。何でもかんでも聞きましょうというのではありません。自分なりに調べてみて、何がわからないかぐらいは自分の中で整理してから聞きましょう。

●「知ったかぶり」はしない

組織には明文化されていないけど重要なルールというものが数多くあります。そのようなルールは先輩に聞かない限り絶対にわかりません。積極的に質問しましょう。

皆さんの態度として絶対にとっていけないのは、「知ったかぶり」です。わからないという言葉が恥ずかしく思え、思わず話を合わせてしまうというようなケースです。一度、そのようなことがあると、周りの先輩たちは、すでに誰かから教わったものだと理解してしまい

知ったかぶりは厳禁

ます。そして、そのことがその後大きなミスの原因になってしまうこともあります。

●知っていると思っても内容を確認する

また、仕事で必要な知識をすでに大学などで学んだことの範囲だと早合点してしまい、結果として知ったかぶりと同じ結果になることもあります。仕事で必要とされる知識を確認せずに早合点してしまうと、学ぶチャンスを失うことになります。すでに知っていると思う場合でも、内容を確認しましょう。

多くの場合、大学などで学んだことと公務の現場で必要とされている知識には違いがあります。「その関係は大学で学んだ自分の専門分野だから大丈夫です」などとは決して言わずに、謙虚に学ぶ姿勢を示すべきです。実際、公務員としてその仕事の担当者として責任を持って仕事をするために必要な知識情報は、大学で学んだものとは違ったり、多くの場合は大学で学んだ知識だけでは足りません。

私は日頃研修において、「プロの行政官として求められるレベルからみると大学で学んだことは質、量とも足りず、ほんの薄皮一枚ぐらいに過ぎないと思った方が賢明です」と伝えています。それによって、質問することが許される貴重な新人時代を無駄にせず、また、引き続き学ぶ姿勢を継続することに繋がると考えるからです。

ポイント

・知らないことを聞けるのは新人だけの特権

・決して知ったかぶりをしてはいけない

・仕事をするには、大学で学んだことだけでは不十分と認識すべき

打たれ強さを身につける

上司からの厳しい叱責に耐えられません…

●叱らない上司は部下の成長を奪う

今の若者は打たれ弱いと言われます。私自身も、個人差があるので一概に語ることはできないと思う反面、兄弟姉妹の数が減ったこと、三世代同居家族の減少、学校教育の変化等様々な要因から若い世代にある程度の変化があることも事実だと感じています。

これは、若者の心構えの問題ではなく時代環境の変化と捉えるべきです。その変化を認めた上で、世代を超えて互いを理解し、しっかりとした人間関係を構築することを組織内の共通の課題に据えるべきと考えています。

しかし、上司をはじめ上の世代の人の中には、問題の本質を若者の「心構えの問題」と捉え、若い人の精神的弱さをことさら問題視する人がいることも事実です。そのような人の若い世代に対する行動様式には大きく二つのパターンがあるように思えます。一つは、それを踏まえて叱ることを控えるという態度、そしてもう一つは心構えから厳しく鍛え直そうとする態度です。ともに、部下としてはあまり有り難くないように思える上司の行動ですが、前者の行動がより深刻な影響を与えると言えそうです。打たれ弱い部下の方に原因があるといって叱らない上司は、部下の成長の機会を奪うからです。

人は自分の行動に対して、誰からもフィードバックされないと反省材料が得られず成長できません。褒められて育つことも事実ですが、叱られることで気づき成長することも事実です。成長に繋がるフィードバックは、褒めることと叱ることの両方で構成されるべきです。にもかかわらず上司が叱ることを放棄すると部下にとって気づきの機会が半分失われることになります。

●必要以上に自分を責めない

では、皆さんは部下の立場でどのようなことに気をつければいいでしょうか。それは、打たれ弱い印象を上司に持たれないことです。打たれ弱い印象は、パワハラに対する抑止力になるように思えるかもしれませんが、パワハラ事例の実態からすると逆かもしれません。パワハラを行う上司の中には打たれ弱い人をますます攻撃するようなタイプの人もいます。つまり、過剰な反応がパワハラを助長させてしまうような逆説的ケースもあるのです。

打たれ弱いといった印象を上司に持たれると、叱られるチャンスを失う可能性を高めるだけに終わりかねません。打たれ弱いという印象を上司に抱かせることは自分にとってマイナスだと理解しておいた方がよいのです。

それでは、本当に厳しく叱られた時の気持ちの持ちようについて何かアドバイスがあるでしょうか。それは、「自責はするが自虐はしない」ということだと思います。まず、人や環境のせいにして逃げるようなことはしない。その上で必要以上に自分を責めないということが重要です。

過去と他人は変えられません。しっかり反省したら気持ちを切り替え、これから変えることができる「未来と自分」に集中しましょう。そして自分を否定し過ぎないこと。自責と自虐を取り違えないことが重要です。

打たれ強さを身につける

ポイント

・叱ってくれる上司に感謝しよう
・叱ってもらうためにも打たれ強さを身につけよう
・打たれ弱い印象をもたれることは自分にとってマイナス
・自責はするが自虐はしない。未来と自分に集中しよう

同僚は大きな仕事を任されているのに、私は雑用ばかり指示されます…

やる気のある若い職員にとって、まとまった仕事を与えられないくらい辛いことはありません。他の同僚が仕事を任され活躍しているとすれば尚更でしょう。私もそんな時がありました。自分に任せてもらえるだけの能力がないとしか整理の仕方がないのですが、素直にそれを認めることもまた辛いことです。しかし、嘆いていても何も始まりません。謙虚に原因を考え、自らの行動によって状況を変えるしかありません。

●能力以上に信用が大事

まずは、上司の立場に立って考えてみましょう。仕事を任せられない部下とはどういった部下か。一般的に想定されるのは、やはり能力が足りない部下です。大変な仕事はとても無理と判断されると任せてもらえる仕事の範囲は限られます。

でも、私も上司になって初めて実感したことですが、能力以上に大きな要素となるのは信用です。能力は経験によって向上します。だから、上司もＯＪＴの意味も込めて仕事を任せ

仕事を任せてもらうには

たいと思います。しかし、仕事に対する姿勢そのものに疑問がある部下には仕事を任せたくない気持ちになります。

姿勢は経験だけでは向上が見込めません。仕事に対する基本的な姿勢は経験だけではあまり変化しないのです。場合によっては、経験を積めば積むほど惰性となり仕事を甘く考え始めることさえあります。

●仕事に真摯に向き合う

それでは、どのように仕事に向き合い、具体的にどのような行動をとれば良いのでしょうか？　それは、仕事に真摯に向き合い、責任を自覚し、約束を守ることです。仕事を引き受けた以上、責任感を持って成し遂げる覚悟を持つと言い換えてもいいでしょう。

もし、期限内にできそうもない場合には早めに申し出る。それも責任の取り方です。期限ぎりぎりまで抱え込み、最後になって投げ出す。そのような無責任な対応だけはしてはいけません。

引き受けた仕事については、自分が当事者となる。そして、どんな仕事にも全力を尽くす。そのような実績を積み上げていく他ありません。上司の行動を変えるには、まず、自分の行動を変えてみましょう。

ポイント

・能力以上に仕事への向き合い方が重要
・真摯に向き合い、責任感のある対応をすること
・実績を積み上げ上司の信用を得よう

雑務ばかりでモチベーションがダウンする毎日です。どうすればいいでしょうか？

受け身の姿勢が仕事を作業に

●仕事に愛着を持つ

自分のモチベーションの低さを上司のせいにしても仕方ありません。犠牲者は自分自身です。その状況から脱するには自分を変えるしかありません。セルフモチベーションマネジメントという言葉があるように、自分で自分のモチベーションをマネジメントすることもプロとして求められます。

モチベーションを高く保つには、仕事への向き合い方がポイントとなります。仕事に対して受け身であると、いつまで経っても「やらされている」という感覚がぬぐえません。任された仕事は「自分の仕事」と考え、愛着を持ってやる。最善を尽くす。このような姿勢がモチベーションを高く保つことにつながります。

そうは言っても、自分のやっている仕事は雑務ばかりで愛着を持てないと思われるかもしれません。しかし、それでも自分がやる以上は誰よりもうまく早くやるという気持ちを持つ

だけでも気分は違います。

● 常に改善改革を意識

また、目の前の仕事の背景についても思いを巡らせてみてください。その仕事は最終的に誰のために、どのように使われるものかなどを考えると、雑務の中にも工夫の余地があることが見えてきます。

この世の中には、雑務というものはない。雑務とするかどうかは自分次第だと言う人もいます。しかし、私が若い時に比べ間接業務が増え、特に若い職員は以前に比べ内部手続きなどの仕事を多く担当する状況にあるのは事実です。

間接業務に追われて仕事ができないという苦情はよく聞く話でもあります。組織全体で取り組むべき課題ではありますが、担当する職員一人ひとりが本質を見失わず常に改善改革を意識することが間接業務の過剰な増大を防ぎ、本来業務を守ることになります。

受け身の姿勢は仕事を作業にします。仕事をこなすという姿勢では、たとえ雑務とはいえない仕事を担当してもその仕事に面白さを感じることはできません。

任された仕事は自分が愛着をもって育てるものと意識してみてください。仕事を軽んじる人は自分を軽んじることになります。自分ならではの付加価値をつけることを目標に、自分が担当した証を作ってみせる。そんな前向きな姿勢がモチベーションを高めます。

ポイント
・プロは、自分で自分のモチベーションをマネジメントすべき
・任された仕事は自分の仕事と思い、愛着を持とう
・受け身の姿勢は仕事を作業に変質させる
・前向きな姿勢がモチベーションを高める

受け身の姿勢が仕事を作業に

同僚と比べて難しい仕事ばかり担当させられ、不公平に感じてしまいます…

●仕事は人についている

同僚に比べてこき使われることを不満に思う気持ちはよくわかります。特に公務員の場合、最近は実績に基づいて評価される傾向にあると言っても、給与等の処遇に大きな差がつかないこともまた事実です。処遇は同じなのに仕事は自分の方が大変。それを不公平と感じてしまうのです。

なぜそのような状況が生まれるか――。それは我が国の組織の多くは官民を問わず自分の仕事の範囲があいまいで、人によって仕事の中身が変化するというシステムだからです。仕事は形式上ポストについていますが、実際は人についている要素の方が大きいのです。そのため、上司は比較的自由に部下に仕事を割り振ることができます。

多くの上司は、困難な仕事は有能な部下に、簡単な仕事はそうでない部下に振ろうとします。その方が合理的、効率的だからです。また、あえて困難な仕事を与えて成長させたいと

困難な仕事を任されたら

上司が考えている場合もあります。困難な仕事を多く振られる場合は、有能と評価されているか、鍛えようと思われているかのどちらかだと思います。

●前向きに捉える

一方、部下の方は困難な仕事を任された場合にどのように受け止めるか。それには二つのタイプに分かれます。困難な仕事を任されたのは自分を高く評価してくれている証拠であると理解し意気に感じて頑張るタイプと、便利に使われていると理解して不満に思うタイプの二つです。このように同じ状況でも物事は全く逆の捉え方が可能です。

役所は、仕事を通じて得た知識、経験の量でその人の成長が決まると言っても過言でないほど職務を通じた教育（ＯＪＴ：オン・ザ・ジョブ・トレーニング）が重要です。もし皆さんが困難な仕事を任されたならば、ぜひ、自分の成長の機会と前向きに捉えて頑張ってみてはどうでしょうか？　皆さんが簡単な仕事しか担当させてもらえない場合は逆に不満に思うことでしょう。成長のチャンスは厳しい顔をしてやってきます。逃げることなく果敢に挑戦してみてください。

ポイント

・仕事と処遇の不公平は発生する

・しかし短期的な損得で判断してはならない

・自分の成長の機会を多く提供されたと前向きに捉えよう

忙しいとは言わない

仕事を任される部下になるには何に気をつけなければいいでしょうか?

●「忙しい」と口に出すデメリット

上司から見た場合、仕事を任せたくなる部下とは、〝決してNOと言わない部下〟ということになります。本当に忙しくて責任がとれない状況にあるときは率直に「できない」と言うべきですが、いつも忙しいと周りに漏らす人は徐々に仕事が任されない部下になってしまう恐れがあります。

上司から見ると、客観的な業務量はある程度見当がつきます。忙しいと口にする部下は、仕事を振られることの予防線を張っているようにも映ります。また、上司から見てとても忙しいとは思えない時に忙しいと言う部下は、能力が低く仕事の許容範囲が小さいと理解されがちです。つまり、忙しいと口に出すことは、得られるメリットがないどころかデメリットがあるのです。

● 上司は公平に仕事を配分しない

私のこれまでの経験に照らせば、本当に能力のある人は忙しいとも言わないし、また比較的忙しそうにもしていません。恐らく陰ではとても努力しているのでしょうが、それを表には出そうとしない。そんな人が多いように思います。

そんな印象の人に面白そうな仕事も集まってきます。余裕を見せると、ますます忙しくなるだけと思うかもしれませんが、実際には、忙しいと言っている人には片手間の仕事が、忙しいと言わない人には重要な仕事が振られる傾向にあると言えます。どうせ忙しいのであれば重要な仕事をしたいと思うのが人情です。

黙っていれば、上司は仕事を公平に配分してくれる。そんな期待を持つかもしれませんが、残酷なようですがそんなことはありません。組織全体の効率を求め、上司はモチベーションが高くまだ余力がありそうな部下に重要な仕事を任せようとします。忙しいと言っている部下にはいつでも引き取れるような単純な仕事や仕事の一部だけを任せようとするのです。

私も研修の場において参加者から上司が仕事を任せてくれないという悩みを聞くことがあります。もちろん上司に問題がある場合が多いのですが、一部には部下が原因を作っている場合があると思います。裁量を持って楽しく仕事をするためにも、忙しいと言う言葉を口にすることは極力控えましょう。

ポイント

・「NO」と言わないだけでなく、「忙しい」とも言わないようにしよう
・「忙しい」と言うと、「予防線」または「能力がない」と理解されてしまう
・重要でやりがいのある仕事を任されるためにも余力のある「仕事を任される職員」を目指そう

忙しいとは言わない

Column

◆役所の女性活躍◆◆◆◆

女性の活躍促進が政府の方針として打ち出され、大きく前進しています。特に公務組織は女性活躍推進法においても民間企業とは違った位置づけがなされ、特に率先垂範することが求められています。現に、最近の人事では女性幹部登用が進んでいます。

成長戦略の一つに女性の活躍が位置づけられた理由の一つは、女性の能力活用がイノベーションを進め、経済成長を図るうえで必要であるということです。ただ同時に、少子高齢化の進展によって近い将来我が国の労働者数が減少し、経済成長が困難となることが懸念される中で、女性の労働力を増やすことによって経済成長を維持しようとする思惑もあるようです。

女性の労働力率を上げるといっても、我が国の女性の労働力率（生産年齢人口に占める労働力人口の割合）は近年上昇し、既にある程度の水準に達しています。課題は、結婚・子育てを機に退職したことにより30歳代において労働力率が一時的に下がるいわゆるM字カーブと呼ばれる落ち込みをなくすことです。この一時退職は、女性のキャリア形成にマイナスとなり、指導的地位を占める女性の比率が低いことや、非正規雇用に偏っていることなどの原因にもなっているからです。

政府は、自ら範を示すこと以外にも、女性の政策・方針決定過程への参画を増やすことが女性の社会進出を進めるうえで重要であるとして国や地方自治体における女性職員の登用を推進しています。しかし、女性職員の採用比率は急激な伸びを見せる一方で女性の管理職への登用は未だ低い水準に留まっています。

それでは、何が女性の社会進出を阻んでいるのでしょうか。それは、これまでの働き方が家事、育児などの家庭責任を女性に負わせ、長時間労働をする男性職員を前提とした働き方であったことが大きく影響していると言われています。よって、女性活躍を推進するには働き方改革も同時並行に推進していかねばならないことになります。つまり、長時間労働を是正し、ワークライフバランスが図れる働き方を実現することが女性の社会進出を促すことにもなるのです。ある調査結果によれば、一度退職した女性の多くが希望する再就職の雇用形態は、長時間労働を余儀なくされる正規雇用ではなく、短時間勤務が可能な（または残業のない）非正規雇用です。このことが、女性が組織の中枢のポストに進出できない原因の一つです。残業ができないのには、育児など家庭生活の役割が女性に多く分担されている現実があるからです。我が国の男性の育児や家事に割く時間は先進諸国の中で極端に短いのが実態です。男性の理解不足も原因ですが、同時に男性の多くが長時間労働を余儀なくされ家庭生活の役割を担うことが事実上できないということにも原因があるようです。

このように、長時間労働が大きな問題と言え、ワークライフバランス政策は女性活躍のためにも重要な課題と言えます。

第3章
公務員の人間関係

人付き合いが苦手で、役所でも人間関係がうまく築けません…

公務員のほとんどはチームで仕事をします。例外的に一人で完結する仕事の場合でも、間接的には多くの人と関わります。結論から言えば、公務員という職業にとって人間関係は極めて重要です。

●自分の役割を意識する

公務員試験の面接でも対人関係能力についてはしっかりとチェックされます。〝周りの人と協調して、うまくやっていけるか〟。このことは組織人として集団で仕事をする以上、必要最低条件と考えられるからです。皆さんは、その公務員試験に合格し採用されたのですから、自分の対人関係能力については一定の評価を得たと自信を持ってもいいと思います。

「人間関係を良くする」ということは周りの人とケンカをしないというような消極的な意味ではなく、チームの一員として自分の役割は何か、何をすれば貢献できるかということをしっかりと理解し、行動で示すことを意味します。若い皆さんは、チームの中で若手として

人間関係を大事に

チームワークを発揮することが求められます。その際、心がけるべきことは、自分以外の人を尊重し謙虚に教わる気持ちで接するということです。

自分以外の人を〝師〟と思い、素直に教えを乞うという姿勢が自分の成長に繋がるのです。人の悪いところばかりに目が行き、不平や不満を多く持つことは、自分で自分の成長を止めてしまいかねません。

●成長は人からの影響による

それでも、時には、本当に尊敬できない上司に出会うことがあるかもしれません。しかし、それでも、反面教師として習うべきなのです。〝人は人でしか育てられない〟という言葉があります。人の成長の多くが、人からの影響によるのです。その成長に繋がるかもしれない人からの影響を自らシャットダウンをしてはいけません。人に素直に向き合い、人間関係を大切にする姿勢。そのような姿勢を持つと、チームの一員として活躍できる場を与えられ、公務員としての成果を上げることができます。

チームで仕事をすることが多い公務職場では一人で成果を上げることはできません。チームの一員として認めてもらうためには、まず、自分が人間関係を大事にする気持ちをしっかりと持つ必要があります。私も自分が歳をとってから気付いたことですが、積極的に近づいてきて、教えを乞う若い職員はかわいくなり、サポートしたくなるものです。遠慮せず飛び込んでみましょう。

ポイント
・人間関係を大事にしよう
・一人では成果を上げることはできません
・チームの一員として認められ、初めて活躍できる
・謙虚に教えを乞う姿勢を示そう

口下手と公務員

口下手で住民対応がスムーズにできません。どうすればいいでしょうか？

私は長年公務員試験の面接官をしてきました。面接で公務員を志望した理由を質問すると、「口下手で人付き合いが苦手なため、営業の仕事がない公務員を目指しました」というあまりにも正直すぎる回答をした人に出会ったことがありました。面接でそのように正直に話す例は極端だと思いますが、実際に公務員を志望している人の中には、そういう人も少なからずいるのではないかと推察されます。

●行政は究極のサービス業

確かに、公務員は民間企業と同じ意味での営業の仕事はありません。しかし、行政は究極のサービス業です。実際に、自治体業務の多くは窓口業務です。また、最近では、どの行政分野でも、住民、国民との協働が求められます。さらには、仮に外部の人との接点が少ないポストであっても、一緒に仕事をする内部の人との付き合いを避けることはできません。つまり、組織に属して仕事をする以上、人との付き合いは必要不可欠です。少しずつで良いので、苦手意識をなくすよう努力しましょう。

●人は変われる

確かに、人付き合いに得手不得手があることは事実ですが、今の自分を固定的に考え将来を決めてかかるのは問題です。人は経験を重ねることで大概の不得意は克服できます。今、人付き合いが苦手と思っている人は、それは自分の性格に深く根差したもので、一生変わらないと思っているかもしれません。

しかし、断言します。ほとんどの人は、将来間違いなく変わります。久しぶりの同窓会などでは、誰かわからないほど同級生の変貌ぶりに驚くことがあります。皆さんにも、将来間違いなく自分の知らない自分に気づく時が来るでしょう。

最初のうちは、肩の力を抜いて自分を飾らず、職場の同僚、先輩に誠実な対応をすることだけを心がけましょう。また、窓口業務などで外部の方と接する時は、恐れず、逃げず、真摯に対応することを心がけましょう。

ペラペラと滑らかに話せる話術の持ち主が人付き合いの達人とは限りません。むしろ、人の話をよく聴きしっかりと受け止める人の方が好かれたりします。人と話すときには、聴く時間8割、話す時間2割くらいが良いという人もいます。口下手でも大丈夫なのです。それより、自分で将来の自分を決めつけて限界を作ってはなりません。

ポイント
・口下手は致命傷ではない
・でも、公務員にも人付き合いは必要
・苦手意識をなくすよう努力してみよう
・経験は人を変える。将来、自分の知らない自分に出会う時がある
・誠実に人の話を聴くことの方が大事

住民にいい印象を持たれるには、どうすればいいでしょうか？

●公務員と民間の印象の違い

私は、公務員と民間の割合が2：1くらいの構成比からなる研修の講師を多くやってきました。その体験から、ほぼ同世代の公務員と民間の人の立ち振る舞いや服装などの違いについて次のように感じています。

もちろん、個人差が大きく例外はあるのですが、公務員は民間の方に比べ、良くも悪くも個性がないように思います。それが、公務員らしいということなのかもしれませんが、研修中、民間からの研修参加者の方が結果的に目立つことが多いのは事実です。

また、ほかの研修参加者のために協力的で行動的であるのも民間からの参加者に多いと言えます。職業の差が影響を与えたのか、それとも採用時ですでに違いがあったのかは、定かではありませんが、これまで何千人と接してきた私の印象を素直に表現すれば以上のとおりとなります。

さらに、服装にも明らかな違いがあります。最近の若い世代ではあまり違いがなくなってきた印象があるのですが、ベテランであれば服装を見ただけでかなりの確率で公務員か民間の方かが判別できます。判別の基準は、おしゃれをしているか否か、個性的か否かです。もちろん、おしゃれを気にせず個性的でもない方が公務員です。

なぜこんな話をしているかと言えば、この印象の違いが民間参加者の方が公務員参加者に比べて周りに対して気配りをしていることの証しだとすれば、公務員は素直に見習うべきではないかと思うからです。

第一印象を大事にする

●服装は第一印象に大きく影響

これからの公務員は、役所の外の人々と連携してともに行政を行うことも多くなると思います。その時、いわゆる悪い意味で「役人的」であってはそれが障壁になりかねません。良好な人間関係を作るには、悪い意味での「役人らしさ」を払拭しなければなりません。

人は他人と会って数秒間の印象で評価し、その印象はその後も長い間大きな影響を与え続けると言われています。そういった意味で第一印象はとても大切です。そして服装は第一印象に大きな影響を与えます。つまり、服装にはあまり意味がないと思いがちですが、実際には人間関係にも大きな意味を持つということになります。

民間企業の中には、採用時研修において服装のセンスまで徹底して教え込むところもあります。しかし、役所ではそこまでやりません。採用時研修におけるビジネスマナー科目のウエイトは官民で大きく差があります。この差は今後も埋まることはないと思いますが、皆さんには最低限の心構えとして相手を不快にさせず好印象を持ってもらえるよう各自で努力していただきたいと思います。

それには、清潔な服装であること、正しく敬語を使い相手に失礼のない物言いをすること、必要な気配りをして率先して行動することをぜひ実践してほしいと願います。

ポイント
・悪い意味の「役人らしさ」を身につけてはならない
・いい第一印象のためには服装も重要
・清潔な服装、正しい敬語、気配りが大事

人間関係を築くには自分を開示することが大事と教わりましたが、具体的にはどうすればいいでしょうか？

自己開示の仕方

良好な人間関係を構築するためには、自己開示は重要です。自分のことを一切隠したままで人との関係を築くことはまず不可能と言ってもいいでしょう。ただ、自己開示が必要と言っても気をつけなければならないことがいくつかあります。

私もこれまで、自己開示が上手いために職場で良好な関係を作れている人とそうでない人を多く見てきました。〝上手い自己開示〟と〝下手な自己開示〟の例をいくつか紹介してみたいと思います。

● **ダメな自分を隠さない**

まず、上手い自己開示の例としては、等身大の自分をさりげない場面で見せる人です。自分を飾ることがなく失敗談を話すなどの言動は、人間性を感じさせ、周りから共感を得ます。これは、自分を無理に卑下することでは決してありません。無理に卑下することは時に逆の印象を与えかねません。極端な例としては、「私はダメだ」という言葉を吐くと「そんなことはない」というそれを打ち消す言葉を期待されているような状況に置かれ、相手をすることが辛くなります。ダメな自分を隠さない。本音を隠さない。そのような素直な気持ちだけで実は十分なのです。

●自慢話は厳禁

下手な自己開示の例は、何と言っても自慢話です。私の経験でも、自慢話をする人でみんなから慕われる人は見たことがありません。特に一見自慢話でないようで結果として自慢話となるような話に注意が必要です。それは、「こんな有名人と知り合いだ」「会ったことがある」というような話です。

自分のストレートな自慢ではないので、つい言いそうになるのですが、聞かされるとあまりいい気はしないものです。最初こそ、驚いたり興味を持ったりすることもありますが、何回も聞くと、「自分が知っている有名人の多さ自慢」となります。そして、何よりそれは本当の自己開示ではありません。「ところであなた自身は?」と聞きたくなります。

私も職業柄、研修講師として研修所においでいただいた各界の著名人とお会いする機会が多くあります。しかし、それは、仕事の性格上そのような機会が多いだけのことで、そのことは私の価値とは無関係です。誰々さんを知っているとかこの前直接お話をしたということは、同じく研修を担当されている公務員の方に例外的にお話することはあっても、それ以外では一切話をしないように心がけています。

公務員は時にそのような著名人の方々と直接接するような機会があります。しかし、それを吹聴することはやめましょう。公私の別がない自慢話と受け止められる危険があります。

自己開示の仕方

ポイント
・自己開示は人間関係構築のために極めて重要
・素直に自分を表現しよう
・卑下することとは違う
・自慢話はたとえ自分自身の話でなくても厳禁

自分ではモチベーションは高いつもりなのに、先輩に「やる気を出せ！」と叱られてしまいました…

●職場では明るく振る舞う

見かけだけで判断されるのは、確かに納得がいかないでしょう。心の中で密かに燃えているのにと思わず言いたくなる気持ちもわかります。しかし、人は態度、行動で示さない限りわかってもらえません。

上司は部下の気持ちを推し量るべきです。しかし、たとえそのように心がけている上司であっても、時間的な制約から限界があります。周りから元気がない、やる気がないと見られているのであれば、そのように見られていることを事実として捉え、自分の行動を変えていくほかありません。

私は職場で明るく振る舞うことも、組織人として一つのマナーだと思います。特に公務員の中に時折その点が欠落している人を見かけます。それは、これまでの日本の組織風土や理想的公務員像が大きく影響を与えているのだと思います。

上機嫌を心がける

実際、口数少なくニコリともしない人でも幹部に昇進している人が多くいます。しかし、私は仕事上各界においてトップにまで上り詰めた人と多く接してきましたが、トップに立つような人にはそのような人はほとんどいない印象があります。講演などを引き受けてくださった方の中には、聴衆の前ではあえて厳しい自分を演出していても控室などではとても明るく丁寧に接される方もいらっしゃいます。

●自分の気持ちもコントロール

また、私は官民合同研修の講師をすることも多いのですが、民間企業からの参加者の方が総じて明るく周囲に心を配る印象があります。研修の専門家として言わせてもらえれば、民間企業の研修の中には笑顔の作り方を含めビジネスマナーを徹底的に鍛えるものが多いのに比べ、役所の研修におけるビジネスマナーの位置づけは相対的に軽くほとんどの場合は新採用研修だけのところが多いのが実情です。

〝上機嫌に立ち振る舞う〟ことを心がけると周りの人の自分への評価が上がるだけではなく、自分の気持ちをうまくコントロールできることにも役立ちます。上機嫌に立ち振る舞うことは大変なことに思うかもしれませんが、それもスキルだと割り切り、まず行動に移すことが重要です。

実は私も機嫌の良い方ではありません。しかし、研修の講師をやると気持ちが切り替わり、その後もとても上機嫌になることができます。それは、気持ちが行動を決めるだけでなく、行動が気持ちを変えることを証明する事例といえます。楽しいから笑うのも事実ですが、笑うと楽しくなるのも事実ということです。

周りから「元気がない」とか「やる気がない」と見られているとすれば、気持ちに行動が伴っていないことだと思われます。見せかけのやる気を示せと言っているのではありません。上機嫌で仕事をすることを習慣化できれば、本当によい心持ちになり、やる気も上がることを言っているのです。わかってもらえないと悩むより、わかってもらえるよう行動することが自分のためだと思います。

ポイント

- 上機嫌でいることをスキルと考え習慣化してみよう
- 行動が気持ちに影響を与えることがある
- 自分のためにも上機嫌で立ち振る舞おう

飲み会で上司の悪口を言ったら本人に伝わってしまい、仕事がしづらくなってしまいました…

〝上司の悪口は最高の酒のつまみ〟という人がいるように、職場の仲間と飲みに行くと共通の上司の悪口は誰からともなく良く出る話題です。互いに共感することでストレス発散になることも事実で、酒の席での発言を自制すべきか否かは最終的には自己責任であって一概にどうすべきか言うべきでないかもしれません。しかし、お節介ながら申し上げるとやはり酒の席でも慎むべきだと思います。

●悪口は信頼を失う

私自身完璧に実践してきたかといえば、正直できていません。それでもできるだけ言わないように心がけてはいます。基本的に人の評価を口にすることは慎重であるべきです。特に人間接的に本人に伝わる場合には脚色され、酷い内容になっていることが多いこと、また、人は直接言われる以上に嫌に思う心理が働くことから常に危険があります。愚痴ではなく、本当に建設的な内容であれば、むしろ本人に言った方がいい場合もあります。

陰口は言わない

道徳的には当たり前すぎて逆に反感を覚える人がいるかもしれません。しかし、陰で人の悪口を言う人は次第に信頼を失うということは、世の中の鉄則と言って良いと思います。自分がいない時に同じく自分に対して陰口を言っているに違いないと思うからです。

特に公務員はプライベートな場面でも、仕事や職場の人に関する発言には常に細心の注意を払わねばなりません。機密事項に関することはもちろん、原則職場内のことは職場のエレベーターを含め第三者に聞かれる場所では話さないようにしましょう。わかるはずがないと思っていても、偶然関係者が近くにいる可能性は否定できません。

私自身は上司という立場では、「悪口を言われるのも上司の仕事の一部」と割り切っています。それでも陰口として自分の耳に届くとやはりいい気持ちはしません。自分に対する悪口は、的を射た正しい指摘であればなおさら心に刺さります。

酒の席ではつい気が緩みます。後で後悔することがないよう心がけるに越したことはありません。なお、上司の「今日は無礼講」という言葉も真に受けてはなりません。何をやっても許されると考えるのは、もちろん間違いです。

陰口は言わない

ポイント
・悪口の中でも特に陰口は言わないように心がけよう
・陰口を言う人は自分の信頼も失う
・酒の席でも決して例外ではない

人間的に尊敬できない上司の下で仕事をするのが苦痛です…

●全ての上司が人格者ではない

全ての管理職に人格の完成度を求めてみても、現実には無理があります。私も長い公務員人生の中で、全ての上司が人間的に尊敬できる人だったかと言えば、残念ながらそうではないと言わざるを得ません。

私の経験の中では、こんな上司もいました。それは、海外出張の仕事など日の当たる仕事を全て独占し、部下にはチャンスを与えないような上司でした。誰を海外出張に行かせるかについての決定権を持っている当の本人が全て自分を出張者に決めていたのです。

さらに悪いことに、部下に対して「こんなに海外出張が多くて大変だ」と不満を漏らすのです。部下からすれば、留守の間の苦労を上司に労ってもらえるかと思えばそうでなく、部下の成長の機会を奪っている上司の愚痴を聞かされるのです。これでは納得がいかず、モチベーションは下がる一方です。

上司が尊敬できない

実際は、海外出張も結構大変です。その上司はその苦労を自分で背負おうという善意からの行動で、大変さを部下に説明することでその判断の納得を得ようとしているのかもしれません。しかし、実際に体験するまではやはり海外出張は体験してみたい魅力的な仕事に映ります。また、成長のための貴重な機会であることは間違いのない事実です。

●反面教師として学ぶ

私は、管理者を対象とした研修の講師を務めることも多いのですが、参加者には楽しい仕事を管理者が独占してはならないことを強く主張しています。自分本位で、見返りを求める管理者はリーダーとして失格です。部下にも広くチャンスを与える。そのような懐の大きさが人望に繋がると話しています。このようなことを言わざるを得ないのは、そうでない管理職がいることの証しでもあります。

では、残念ながらそのような尊敬できない管理職の下で働くことになった皆さんは、どのように受け止め、行動すべきでしょうか。悪い上司からも教訓は得られます。反面教師として学ぶのです。将来自分がその地位に立った時には、そのような行動はしないようにしようと発想しましょう。それを逆に、自分もそうされたのだから、将来の自分の部下も同じような苦労をすべきだと考えて同じような尊敬できない上司になってはいけません。痛みを知った人は人の痛みがわかるやさしい人になれると考えてみてください。

ポイント

・悪い上司からでも学べる
・将来同じようにならないと思うことで成長できる
・人の痛みがわかる人になろう

再任用職員への対応

再任用のベテラン職員に指示を出したらプライドを傷つけてしまったのか、怒らせてしまいました…

最近は、職場に一度定年退職をした職員が再度任用されるケースが珍しくなくなりました。退職直前に役職者であった職員も再任用職員となった今は、形式上は若手職員と同僚の関係であったりします。皆さんの多くが直面する悩みはそのような再任用職員に対する態度や言葉遣いだと思われます。

中には、自分がプロジェクトのリーダーに命ぜられた時、メンバーの中にそのような再任用職員が含まれている場合、上司ではないものの、どのような形でリーダーシップを発揮すべきか悩む人もいます。プロジェクトを成功に導くには、再任用職員を含め全てのメンバーの協力が必要だからです。

●メンバーを信頼し、尊重する

リーダーシップを理解する上で最も重要なことは、「権限を振りかざさない」ということです。リーダーシップとはフォロワーに影響を与え、フォロワーが自発的に行動をとるようにすることであって、意に反して何かを強制的にやらせることでは決してないからです。そのためには、まず、メンバーを信頼しましょう。人は信頼されて初めて相手を信頼しようとします。相手から信頼されないケースのほとんどは、自分も相手を信頼していません。

次に、メンバーのことを尊重することです。それには、まず、メンバーの名前を覚え、名前を何度も呼ぶようにしましょう。「世の中で最も心地よく響く言葉は自分の名前である」と言われるように自分の名前を呼ばれて嫌な人はいません。メンバー一人ひとりを尊重していることを言葉で示しましょう。

このような基本的なリーダーとしての行動をとった上で、先ほどの再任用職員には特別な配慮をすべきです。特別な配慮は必要ない、むしろ問題だと思うかもしれません。しかし、メンバーによって最適な対応は異なります。再任用職員には、それまでの経験が活かせる仕事を任せ、自分が組織に貢献している実感を持ってもらえるように配慮しましょう。

また、その職員のプライドを傷つけないことも大事です。「プライドを捨てて組織人としての役目を果たせ」と言うのは簡単ですが、人の意識はそう簡単に変わりません。例え、それが正論だとしても、現実的でなければ意味をなしません。人の気持ちを理解し、「自分がその人の立場だったらそうして欲しいと思うであろうことをする」――このことが何より大

再任用職員への対応

事です。

ポイント

・リーダーは、権限を振りかざさないこと

・リーダーシップとは、フォロワーが自発的に行動するよう影響力を行使すること

・再任用職員には、経験を活かした仕事を任せ、プライドを傷つけない配慮をしよう

盛り上げ役が苦手なのに、課の親睦会の幹事を任されてしまいました…

●本来業務でなくても手を抜かずに

私が自分の過去の失敗を踏まえて本音のアドバイスをするとすれば、「手を抜かずしっかり責任を果たす」ということになります。親睦会の幹事役は当然本来の仕事ではないため、手を抜きがちになります。しかし、幹事役としてのあなたの動きは、上司を始め多くの職員が注目しています。

そして、事の善し悪しは別としてそれであなたを評価していることも事実です。もちろん、その評価は人事評価制度上の評価ではありません。しかし、いわゆる組織内での人の評判は親睦会幹事のような業務外活動も含めて総合的に作られていくものです。

「そんな不合理な」と思われるかもしれません。しかし、私の経験でも親睦会の幹事役をうまくやる人は、仕事もうまくやるという傾向にあるといえます。そして多くの職員がなんとなくそのように感じているのではないでしょうか。公務員の仕事の多くは多様な価値の間

の利害調整であり、摩擦を最小限に抑えて一定方向に導き、公共の福祉を実現するというものです。その本来の業務の性格と親睦会の幹事役に求められる仕事との間には意外な共通点があります。

また、若手職員にとって、幹部職員とは親睦会の幹事としてしかほとんど接することがないという場合もあります。その場合には、幹事としての立ち振る舞いも若手職員の印象として幹部職員の記憶に刻まれることになります。

●親睦会の幹事もＯＪＴの一つ

私自身を振り返ってみると、認識が甘く仕事を口実に幹事としての役目を疎かにしてしまったことが度々ありました。しかし、そのことで自分の評判を下げていたことを後になって聞かされるという経験をしました。幹事役にも力を尽くすべきという話は、正式には言いがたく、仕事ではないことから正式に上司が部下に指導すべき内容でも、ましてや研修で話されることでもありません。しかし、ここで述べたことは意外にも重要なことです。

私は親睦会の幹事役も自分にとってＯＪＴ（オン・ザ・ジョブ・トレーニング、仕事を通じた訓練）の一つくらいに整理して、前向きに取り組むことをおすすめします。幹事役は多くの職員と仕事を離れて関係を作れるチャンスでもあります。若手職員に幹事役を任せる隠れた目的として早く若手職員に多くの職員と接触する機会を与え、職場に慣れさせようという親心も含まれています。その親心に報いてみてはいかがでしょうか。

ポイント
・幹事役も手を抜かず責任を果たそう
・事実上、これによりあなたの評判が作られることもある
・ＯＪＴのつもりで前向きに受け止めよう

上司からパワハラを受けています。どうすればいいでしょうか？

●早期に相談する

パワハラにあったら、まず早期に誰かに相談してください。自分ではまだ大丈夫と思っていても、本当に追い込まれると相談する気力もなくなり手遅れになってしまいます。パワハラは直属の上司から受ける場合が多く、相談相手が見つからないかもしれませんが、同期の仲間、先輩職員に相談してみましょう。そして、必要であれば人事課に申し出ることです。

パワハラについては、現在、役所を挙げて防止対策がとられています。そのためか私の印象では、以前のような感情にまかせて部下に怒りをぶつけ、人権侵害に至るような典型的なパワハラは少なくなっているようです。しかし、私が研修参加者から聞く限り決して無くなってはおらず、上司の行動が冷静であるため行動様式だけを捉えると、「適正な指導」との境界線の内か外かが識別できない、いわゆる〝グレー〟なケースが増えているように思えます。

●パワハラ上司の3タイプ

パワハラをする上司には、マネジメント能力が不足してパワハラ的行動によってしか部下の行動を変えさせることができないと思い込んでいるタイプ、自ら心の奥深くに劣等感を抱えており自分の心のバランスをとるため、自分を強く見せるために他人を攻撃するタイプ、そして自分の感情をコントロールできない激情タイプの3つに大きく分けられます。

前者の2つのタイプは、いわゆる確信犯的に行われているため対策がとられてもなかなか撲滅することができません。私は管理職のマネジメント能力向上と管理職に過剰なプレッシャーを与えない組織風土作りがパワハラ撲滅には必要だと考えていますが、そのような指摘は残念ながら少数派で最近は3つ目のタイプを前提にアンガーマネジメント研修が注目を浴びています。

パワハラ上司への対応としては、過剰に同調してパワハラを受ける関係性を固定化させないことが肝心です。最近はパワハラ防止対策の副作用として、「叱らない上司」も問題となっています。叱らない上司はパワハラ上司よりはましかもしれませんが、部下の成長よりも自己保身を優先させる上司であり問題と言わねばなりません。

難しい課題かもしれませんが、適切な指導をパワハラと受け止めないようにする必要もあります。そのためにも、同僚に相談して、自分の判断を確かめてみてください。

ポイント
・早めに誰かに相談しよう
・パワハラ対策には限界がある
・過剰に同調してパワハラ関係を固定化しない
・適切な指導との見極めをするためにも周りに相談してみよう

上司がとても厳しい人で、怖くて早く異動したくてたまりません…

厳しい上司への接し方。これも社会に出て多くの若い人が共通して抱える問題の一つです。学生時代は、多くの場合怖い人を避けて生活することができました。原則として、自分の付き合う人の範囲は自分で決められる世界にいたと言えます。しかし、社会に出て組織に属すると日々一番接する人は自分の意思と関係なく決められてしまいます。お互い、そこに配置されたもの同士が歩み寄り、関係を作っていくほかないのです。

また、最近よく言われることですが、学生時代までの半生で厳しい大人と接した経験が少ないということから、客観的に見て厳しいとは言えない上司も厳しく思えてしまうという可能性もあります。

●厳しい上司は貴重

パワハラの上司でない限りは、厳しい上司こそ皆さんにとってとても大事な人です。最近はパワハラが盛んに言われ始めて、逆に自己保身のため必要な指導を怠る「やさしい」上司

が多くなったとも言われています。パワハラ上司と指導をしない上司だけになるとその組織は消滅します。流石にそんなことはないでしょうが、私の実感としても厳しい指導をする上司は少なくなったと思われます。

厳しい上司にも逃げずに

●見込みのない部下は叱らない

上司の立場に立って考えることをおすすめします。上司は叱っても見込みがないと思う部下は叱りません。叱られるということは、上司の自分への期待の裏返しでもある場合が多いのです。叱ってもらえている事を感謝して自分の成長に繋げられるかが問われることになります。もし、素直に耳を傾けず成長に繋げられないと、上司に叱ってもらえなくなります。叱られているうちが花と思い上司の厳しい指導を自分の力としましょう。

最近は、「打たれ弱いと言われる若者をどのように指導すればよいか」と悩む上司も多くいます。上司から叱られると簡単に心にダメージを負うタイプだと見られてしまうと、成長の糧となる指導を受ける機会を失うことにもなりかねません。

「こいつは叱っても大丈夫。鍛えがいがある」と上司に思われるかどうかで成長のスピードに差が出ます。パワハラ上司かどうか見極め、パワハラ上司でない限りは、叱られてもめげずについていく姿勢を持つ。そのことが自分の成長に繋がります。

ポイント

・叱られるのは上司が期待してくれている証かもしれない
・パワハラでない限り、上司の懐に飛び込もう
・叱られてもめげずに、自分の成長に繋げよう

Column

◆研修講師を任されたら　準備編◆◆◆◆

最近は、採用後2～3年生にも研修の講師をさせるところがあります。参加者と距離のない講師の方が参加者からも意見が出やすいという面もありますが、講師をする若手職員の育成もねらいだったりします。あなたが研修の講師を任された時に備えて、具体的なアドバイスをしてみたいと思います。

・資料は多く用意しない

公務員の講師は、大量の配布物を用意する傾向があります。大量の配布物を用意すると、その説明に多くの時間を割くことになり、肝心の本題の時間が短くなりかねません。

また、参加者が集中して話を聞いてくれるのは冒頭の10分程度と言われます。一番緊張感があり、集中している冒頭の時間を、資料の説明に費やすのはもったいないと言えます。

資料は極力必要最小限に止めること。多種多様な資料を説明するよりも、一番わかりやすい資料をしっかり説明した方が効果的です。資料は、その資料を見慣れている講師と初めてみる参加者との間の意識ギャップが大きいものです。講師がわかりやすいと思って提示した資料も、初見の参加者にはわかりにくいことがあります。講師が「お馴染みのこの資料」といって端折った説明をすると、すこぶる評判が悪くなる傾向にあります。

配布資料については、別の問題もあります。それは、パワーポイントを使用する場合にそのスライドを印刷してあらかじめ配布すべきか否かという問題です。事前配布の是非については一般論として正解はありません。なぜなら、配布するパワーポイントの内容次第で正解は変わるからです。パワーポイントのスライドがレジュメと言える程度に項目だけ書かれている場合は、事前配布しても問題ありません。しかし、10ページを超える大量のスライドを配布した場合は、その内容を目で追うことに専念せざるを得なくなります。またその場合、講師の方も配布されているスライドに頼りがちになり、スライドに書かれたことをただ読み上げているだけといった状況になりがちです。

配布資料は、事前に配布されるとあらかじめ話しの流れがわかり、参加者が安心して聞けるというメリットがある一方で、資料を手にしたことで満足し、講師の話への関心を失うというデメリットもあります。

私は、事後配布を原則としています。その代わり、研修の流れを冒頭で丁寧に説明し、事後に配布する旨も説明します。その方が、参加者の皆さんが手元ではなく、前を向き、双方向性高く研修を実施することができるからです。

(144ページ内容構成編につづく)

第4章

公務員のスキルアップ

文章が正確でないと注意されます。伝わればいいと思うのですが…

文章作成スキルは、他の職業に比べて公務員にとって特に重要なスキルと言えます。なぜなら、公務組織では業務上文章によるやりとりが多く、また、公務組織ならではの専門的な文章作成が存在するからです。公務組織で用いられる文章も、その用途によって多種多様ですが、いわゆる役所言葉を使う文章については、一定のルールによって書かれており、作成するには最低限そのルールを理解し、使えるレベルに習得しておく必要があります。

●公務という業務の性格

ところで、何故、世間では評判の悪い〝役所らしい〟硬い文章が依然として存在するのでしょうか。確かに、前例踏襲の結果、無批判のまま惰性で使われているものもあります。しかし同時に正当な理由によるものもあります。そして、その理由は、公務という業務の性格に由来しているのです。

公務には、住民の権利や義務を公権力によって設定、変更するような業務があります。その際、法令に基づく公正な運用が求められるのですが、その法令に用いられている用語を用いず、わかりやすい言葉に置き換えると解釈に疑義が生じ、勘違いなどの混乱の原因になりかねません。つまり、正確を期すためには、誰が読んでもできるだけ同じ意味に理解されるような文章を作成する必要があるのです。それが「正確だが無味乾燥な文章」にならざるを得ない背景にあるのです。

もちろん、お役所らしい硬い文章が望ましいわけではありません。ただ、正確性を犠牲にしないという制約の中でわかりやすさを追求しなければならないということを理解しておく必要があるのです。

●文章作成は、論理的思考力を磨く訓練

皆さんが書いた文章は、最初のうちは、ほとんどの場合、上司に修正されると思います。その時、もしかすると、「文章は目的でなく手段に過ぎない。そんなに細かく直す必要があるのか」というような疑問を持つかもしれません。私も若い時はその一人でした。しかし、細かく手を入れてくれる上司には感謝すべきです。なぜなら、文章作成スキルを磨くため、上司はあえてＯＪＴ（オン・ザ・ジョブ・トレーニング、仕事を通じた訓練）として皆さんの能力向上を図ろうとしてくれているのです。

文章作成は、自分の論理的思考力を磨く訓練にもなります。そのためにも最初のうちは、論理的にしっかりと構成された典型的な役所の文章を書く練習から始めましょう。文章作成は、公務員人生を通じて常に求められるスキルです。自己啓発の目標の一つに位置づけ、出来るだけ早い時期に集中的に行うことが望まれます。

ポイント

・役所文章には、正確性が求められる
・上司の文章修正は、自分へのＯＪＴと理解しよう
・文章作成は公務員にとって、重要なスキル。早い時期に、集中的に訓練しよう

英語が苦手なのですが、仕事で使う英語をどうやって習得すればいいのでしょうか？

グローバル化の進展でますます英語は必要となります。しかし、学生時代と違い、学習に充てられる時間には限りがあり、皆さんもいつか英語が必要となる仕事を担当させられるかもしれないので、英語を勉強しておこうと思う反面、さし当たりは必要がないので先送りしているのではないでしょうか？

私も実はその一人でした。30歳前に突然外国勤務が決まり、準備期間はわずか半年でした。しかも、仕事の内容はウィーンにある国際機関で国際会議に出席したり、国際機関の職員を相手に我が国の立場を説明したりするもので、英語ができないとどうしようもないものでした。そこで、貯金をはたいて英会話教室のＮＯＶＡに通い詰めの毎日を送ることにしました。教師よりも長く教室に残って勉強をしていたため、ある教師から「スーパーＮＯＶＡ（超新星）」のあだ名を付けられるまでになったのは懐かしい思い出です。

その時の経験と、後に人事院国際課長として勤務した経験から、反省を込めて皆さんにアドバイスをしたいと思います。

●受験英語は仕事に使える

まず、自分の英語力を客観的に評価することから始めましょう。私の場合は、大学受験では英語が得意科目であったことから過信してしまい、まず、それで失敗しました。大学入試から何年か経つと、受験英語の力もかなり落ちていることに気が付かなかったのです。

短期間で力が落ちる。これも受験英語の特性です。ですから、どのくらい力が落ちているか、大学入試試験を使って再確認しましょう（ＴＯＥＩＣよりも大学入試の方がよりはっきりします。）。そして、とりあえず受験英語の力でいいので、大学受験期レベルまで復活させましょう。新たな目標を設定するよりも効果的です。それは、一度達したレベルまでは比較的楽に戻せること、そして意外にも、受験英語は仕事でも使えることです。

我々は、英語の観光ガイドになるわけでも、通訳になるわけでもありません。また、家族や恋人同士でカジュアルな英会話をする訳でもありません。公務員が仕事で使う英語のほとんどは、日常会話とほど遠いと批判されがちな大学入試に出る硬い文章の読解だったりするのです。受験英語と公務員が仕事で使う英語は比較的近いといえます。

公務員向け英語学習法

●たくさん聞いて、たくさん話す

次に重要になるのが、多くの日本人が圧倒的にハンデを背負うリスニングとスピーキングの学習です。この二つの力はどんなに頭が良くても（逆に言えば頭が悪くとも）、絶対量が必要となります。つまり、たくさん聞いて、たくさん話すしか方法がありません。それには、外国人相手に会話するのが最も効果的です。私の時代は大金を払い英会話教室に通うしかありませんでしたが、今は、スカイプを使って安くネットで学習もできます。成果はなかなか出ませんが、焦らず毎日続けていけば、何となくわかる、話せるという時期が来ます。語学だけは、他の学問に比べ学習時間に比例、つまり、努力を裏切らないといえます。

人事異動で英語を担当することになってからでは間に合いません。英語力は無駄になりにくいスキルです。将来に備えて、今から学習の習慣をつけておきましょう。

ポイント

- 受験英語は公務員の使う英語に近い
- まず、大学受験期まで英語力を戻そう
- リスニングとスピーキングはとにかく量。焦らず継続して学習しよう

政策立案能力を磨くには何を学べばいいでしょうか？

●常に行政を客観視する

「公務員にとっての政策立案能力」とはどういうことでしょうか？　それは、社会問題を主観的な印象レベルで語るのではなく、公務員といった政策のプロとして、社会問題を専門的、客観的に把握分析し、自分の考えを相対化して理想と現実のギャップを埋める実行可能な方策を提案する総合的な力だといえます。

行政のプロフェッショナルとして執行責任まで負う公務員は、他者の提案をただ批判するだけでは許されません。常に行政を客観視して課題を設定する姿勢を持つと同時に、当事者として代案を提示する義務まで背負うことになります。また、公務員は理想だけを述べるに終わってもいけません。理想を追求することは必要ですが、実現可能性のある方策を提示することにも責任を負います。

このような公務員の立場から、公務員は個人としての思いとは別に、行政官としての思いを持つ必要があります。といっても、個人の思いを完全に封印することを求めているのではありません。行政官は、その個人としての思いを持つと同時にそれを客観視し、他の人々が持つ思いと融合させ説得力のある政策へと変換する力を持つことが求められるということなのです。

● 公共哲学を学ぶ

その手掛かりを与えてくれるのが、公共哲学という学問です。国家や社会がどうあるべきかについての世の中の主張は、〝公共哲学〟という学問で語られているいくつかの主張に沿って分類することが可能です。自分で分類し、鳥瞰図を作って世の中の議論を整理しておくことはとても有益です。

また、個人としての考えを正しく自覚する手助けにもなります。自分の個人的な考えが、すでに公共哲学で整理されているいくつかの考え方のどれに当てはまるかを知ることによって、自分の考え方を客観視することができます。

法哲学、公共規範、倫理学など公共哲学に近い学問分野でも同じような知見が示されています。政策立案の具体的なノウハウも大事ですが、その政策の質を上げるには国家や社会に対する深い理解が求められます。

公共哲学を学ぼう

公共哲学は一見難解で敬遠されがちな学問ですが、公務員となった今触れてみると、意外にも身近に感じられるかもしれません。食わず嫌いのままで終わらないよう一度試食することをおすすめします。

ポイント

- 公務員に求められる政策立案能力とは多様な価値観を理解し、融合する力
- 自分の個人的な思いを持つと同時に行政官としての思いを持とう
- 公共哲学は自分の考えを客観視する有効な手段を提供してくれる

政策立案とは具体的にどうすればいいでしょうか？

政策立案に当たっては、その基本的な思考の流れ（プロセス）を知り、基本的にはそれを踏まえる必要があります。もちろん、対象となる行政分野、課題の内容に応じて一部変更が必要となりますが、基本を理解しなければ正しい応用もできません。

●政策をまとめる基本プロセス

政策をまとめるまでの基本的なプロセスは、次のような流れとなります。

① 問題の発見、絞込み
② 課題発見のためのデータ観察
③ 課題の分割
④ 作業仮説の設定
⑤ データによる仮説検証
⑥ 検証された仮説を総合

⑦ 政策の完成

課題の発見には、様々なきっかけがあります。業務執行上の問題点の集積から発見される場合や予算等の制約から解決が迫られる場合など様々ですが、その課題設定が正しいかどうか、まず当初の段階でデータに当たり客観的な検証を行う必要があります。

次に課題はいくつかの要素から成り立っていますが、理解可能な単位に分割します。「わかる」は「わける」が語源のように、全体像を正しく理解するには複雑に絡み合った要素を理解可能な単位にわける作業が必要になるのです。この場合には、「漏れなくダブりなく分割する」ことがポイントです。最後には一度分けたものをまとめることになるのですが、「分けてまとめる」という一連の作業の中で、重要な要素を漏らしたり、歪みを作ってはならないからです。

次の段階は分割した要素ごとに仮説を設定することです。たとえば、デフレからの脱却といった課題に対して、財政政策、金融政策、為替政策等に課題を分割し、それぞれ分割した課題ごとに財政出動策、金融緩和策等の政策案を作業仮説として設定するのです。

そして、その仮説を次の段階で再度、様々なデータを用いてその有効性、妥当性を検証します。

政策立案の基本

次に、有効性等が検証された仮説は政策の要素となります。仮説を統合して政策にしていくのですが、統合する際には相互に矛盾はないか、バランスがとれているかを見て場合によっては必要な修正を施します。

以上のようなプロセスを経て最後に政策ができ上がることになります。ひらめきは重要ですが、それだけでは政策とはなり得ません。特に公共政策の場合は、全て民主的な手続きを経ていく必要があります。多くの批判に晒されてなお、支持を得るには、このような思考プロセスを経て正当性、実効性があらかじめ専門的に検証されていなければならないのです。

ポイント

・政策立案には基本的なプロセスがある
・ひらめきだけでは政策案にはならない
・専門的視点から正当性や実効性があらかじめ検証されておかねばならない

Column
◆研修講師を任されたら 内容構成編◆◆◆◆

・冒頭説明の意義

資料を事前配布する場合でも、全体の構成を冒頭説明することは重要です。

これから何を話すかという話のポイントや、全体像に触れないままに話を始めると、起承転結が明確で、見事に構成されている話でも、聞き手の負担が大きく、集中力が途中で切れてしまい、内容が聞き手に届きにくくなります。

このようなことを避けるためにも、冒頭に全体の構成と話のポイントを参加者に説明をすることが必要になります。どのように話が展開するかわからないまま、集中力を切らさず常時耳を傾け続けることを参加者に求めても無理があります。全体の構成をあらかじめ示すことで、聞き手は「今聞いている内容は、全体の中でこの辺りに位置する」ということを理解し、話の筋を追いやすくなるのです。

よいプレゼンの方式の一つに「サンドイッチ方式」と呼ばれるものがあります。これは、最初と最後に重複を覚悟のうえで、あえて話のポイントと話の構成を繰り返す方式です。最初に述べることで話の流れを追うための「道標」を聞き手に与え、また、最後にもう一度繰り返すことによって「最初に言っていたことはこういうことだったのか」と、聞き手の頭の整理を助けることになります。最後の質疑応答は、講師自らが講義の内容を振り返り、聞き手が頭の整理をしてから始めることが肝要です。

・話の構成は単純化する

プレゼンのスキルには多種多様なものがありますが、話の構成を思い切って単純化することは最も大事なポイントです。多くの情報や知識をただ提供すれば良いというものではありません。それをいかにシンプルな構成で、わかりやすく伝えるかが問われるのです。

書かれた文章に比べ、プレゼンでは聞き手の裁量が小さく、話をする方には文章を書く場合に比べ、話の内容を届けるうえでハンディがあると理解すべきです。枝葉をそぎ落とし、必要な幹同士を論理的に結び付けて一つの森を描く。講師は自分が思っている以上に中身を単純化して臨む必要があります。

（165ページ応用編につづく）

公務員にとって教養はなぜ必要なのでしょうか？
どうすれば教養は身につきますか？

教養は、ただ生きるのではなく、よく生きるために必要です。特に公務員は、国民、住民が持つ多様な価値観を理解し、未来を見通して、国民、住民の幸せに繋がるよう、日々の課題に対して正しく行政判断を下すことが求められます。教養は、そのために必須なものであり、プロの行政官としては絶対に身につけておくべきことです。

● 古典、歴史を学ぶ

特に最近はリベラルアーツの重要性に注目が集まっています。現代が変化の激しい時代であるからこそ、一般教養が重要であるといえます。本質を理解し先見性を持つには、時代によって変化する実学だけではなく、長い時代の積み重ねを経て、なお現代に生きている古典、歴史を学ぶことが重要です。すぐに役に立つものは、すぐに役に立たなくなるからです。

● 教養の身につけ方

それでは、教養はどうすれば身につくでしょうか？　それには、貪欲に知を吸収する習

公務員と教養

慣、そして、自分の頭で習慣を身につけることです。もっと具体的に言えば、本を読み、人の話を聞き、自分の意見を持つことです。

本は、教養を身につけるのに最も優れたツールです。本を読まずして真の教養を身につけることは困難と言っても過言ではありません。我々人類は言葉で思考します。言葉を正しく理解し自分で組み立てる。そのような訓練しか思考は極められません。その点、本は、最も思考訓練に適したツールなのです。

中でも古典と言われる良書を読むことをおすすめします。また、ノンフィクションだけでなくフィクションも人間理解には必須です。

ただし、本は読むだけでは真の教養とはなりません。本を読んだら読みっぱなしにせず、それを自分でしっかりと消化しなければなりません。どんなにたくさんの本を読んでも自分で考えることをしなければ、単なる物知りで終わってしまいます。インプットした内容について、自分なりの解釈、感想、意見を持つように努めましょう。

講演会などに参加することも知の刺激を受けるためには貴重な機会です。できれば、自分の専門外の話を聞くなどして視野を広げましょう。時代の変化、国民、住民が置かれた現状を知るには自ら積極的に生の声を聞くことにも力を注いでください。

ポイント

・プロの行政官にとって、教養は必須
・教養を身につけるには、読書が最も有効な手段
・講演会など、生の声を聞くことにも力を注ごう

公務員に必要な教養として歴史を挙げる人が多いのはなぜですか？

公務員の使命は国民、住民の未来を幸せなものにすることです。その使命を果たすためには、未来をできる限り正しく予測して行政は今何をすべきかを正しく判断することが求められます。しかし、未来予測には限界があります。そこで、歴史が重要となります。

●過去を正しく理解する

よく「歴史は繰り返す」と言われますが、歴史を学ぶとそのことを実感します。最近起きたことは、それだけを捉えると人類にとって初めてのように思えますが、実は長い歴史の中でどこかの国で以前起きたことにとても似通っていることが多いのです。

文明は確かに進歩しているかもしれませんが、人間自身はさほど進歩している訳ではなく、同じ失敗を繰り返すことの方が多いといえます。つまり、歴史を学び過去を正しく理解すると未来を正しく予想する力になるという訳です。

●歴史の勉強の仕方

しかし、歴史の勉強の仕方には注意が必要です。歴史をいわゆる暗記科目のように学ぶのでは、未来を予測する力にはなりません。歴史を流れで理解すること。歴史上の出来事を常にどうしてそうなったかと問いかけながら学ぶ姿勢が大事です。

また、国別に歴史を学ぶことも問題があります。その典型が日本史ですが、たとえ、日本史を学ぶ場合でも世界史の中での日本史という位置付けで学ぶことが必要です。

先頃、長崎の出島に行って蘭学などの資料を目にしましたが、鎖国と言われた江戸時代でさえ、実は外国の影響を大きく受けています。ましてや今はグローバルな時代です。世界の変化の中で日本の変化を捉える。そんな視点がますます重要となります。

できるだけ正しく未来を予測する力をつけるよう努力することが公務員には求められます。歴史を真の教養として学び、未来を見通す力を磨きましょう。

ポイント

- 公務員には国民、住民の未来を幸せにする使命がある
- 未来予測の手がかりとして歴史は有効な手段
- 未来予測の力となるよう正しい方法で歴史を学ぼう

プレゼンテーションをする場合、どんなことに注意すべきでしょうか？

プレゼンテーションのスキルは、公務員にとってますます重要になっています。官と民が協働して「公」を作るには、まず、行政の意図を正しく国民、住民に理解してもらう必要があるからです。

しかし、極めて重要なスキルにもかかわらず一般的に言って公務員の話は硬く平板、無味乾燥で面白味がないと言われます。私は官民合同研修の講師を多くしますが、民間企業の人に比べ、残念ながら公務員の平均点はやや劣るように思います。

問題は、話す中身というより話し方、届け方だと思われます。公務員の講師の話を文章に起こしてみると、内容は見事に整理され、中身も濃いものです。内容では決して民間の講師に負けていないと思うことも多くあります。

そこで、プレゼンが上手くなるためのポイントをいくつか挙げてみたいと思います。

●「書き言葉」と「話し言葉」の違いを意識する

書いた言葉をそのまま読み上げても伝わりません。言葉をなぞるだけでは、気持ちが伝わらないのです。そもそも、書き言葉と話し言葉は決定的に「異なる言語」です。書き言葉で用意された文章をそのまま話しても話し言葉にはなりません。

書き言葉の特徴を整理してみます。文章を書く時にはできるだけ広がりがあり、かつ、凝縮した言葉を精巧に組み立てようとします。繰り返しを極力避け、表現についてもわかりやすさよりもいわゆる「凝った」表現を使いたくなるのです。その結果、書き言葉には四文字熟語のようないわゆる漢語が多用され、聞いた人には音で聞いただけでは俄かに言葉が浮かばないようなことがよく起きます。

また、「書き言葉の文章」と「話し言葉のプレゼン」との間には本質的な違いがあります。文章は、読み手がわからない言葉や表現に出会った場合、わからなかったところまで遡り何度も時間をかけ解明することができます。しかし、プレゼンはたとえわからない言葉があっても遡ることは許されません。

また、文章は読み手が自分にとって内容を理解しやすい適度なスピードで読み進めることができるのに対し、プレゼンはプレゼンテーターの話す速さに一方的に規定されてしまい

公務員に必要なプレゼン力

「早口で何を言っているのかわからない」という場合さえ発生します。

●わかりやすさを最優先する

つまり、プレゼンは文章に比べて受け手の自由度が少なく結果としてわかってもらえないリスクがそもそも高いのです。このことは、プレゼンをする場合には、文章を書くとき以上に受け手の気持ちを思いやり、わかりやすさを最優先すべきであることを意味します。

難しい言葉を避ける。同音異義語を避ける。難しい言葉を使わざるを得ない場合には板書するなどしてどんな文字か説明を入れるなどの工夫が必要です。また話す速さは、決して速すぎてはいけません。話す速さについては多くの人が速すぎる傾向にあります。特に公務員の講師はたくさんの情報を短時間に提供したいとのサービス精神からか、与えられた時間以上の材料を用意し、早口で話して裏目に出ることが多くあります。

私も以前は話し言葉で、いわば台本を用意したりしていました。しかし、用意した台本は、その内容が本番さながらの話し言葉で書かれていたとしても、俳優のような高度なスキルがない以上、講師の気持ちが伝わりにくいことを経験によって学びました。現在ではあえて台本は用意しません。話すポイントと時間進行だけをメモとして用意し、自分の思いをその場で言葉にするようにしています。

ポイント

・話し方、届け方に注意を払おう
・書き言葉と話し言葉は違う
・プレゼンは聞き手に最大限配慮する
・詰め込み過ぎ、早口は厳禁
・理想はその場で言葉にすること

議論に勝つにはどのような能力を身につければいいでしょうか?

●議論は勝つためのものではない

まず、注意していただきたいのは、議論は基本的に勝つためにするものではありません。多くの場合、議論の真の目的は、お互いの考えを高めあったり、お互いの意見を理解し納得感を得ることです。一方的に相手側を論破することや、どちらの主張が正しいか勝敗を決めることが真の目的となるケースは、現実にはほとんどありません。

ディベートは、議論のスキルを向上させる方法として広く知られています。しかし、私はディベートによって養成されるスキルは議論のために必要とされるスキルの、ほんの一部に過ぎず、現実にディベートのような議論方法を用いることには否定的です。それは、公務員が実際の仕事の場面でディベートのような方法で議論をすると大変な間違いを犯しかねないからです。

●議論の真の目的

説得することが議論の真の目的である場合は、特にそうです。相手に自分の主張に納得をしてもらおうとする場合には、勝ち負けの決着をつけるような議論の仕方をしてはいけません。もし、ディベートのように相手の主張を潰し、それとは別に自分の主張を繰り広げるという議論の仕方をするとどうなるでしょうか。結果は、試合に勝って勝負に負けます。つまり、議論には勝ったとしても説得という真の目的は決して達成できません。

アメリカ大統領選挙のように、両者の意見を第三者が聞いてどちらの主張がよいか、または、発言者の力量を見極めるような特殊な状況下ではディベートで培われた能力はそのまま発揮できるかもしれません。

しかし、公務員の仕事でそのような状況はまず考えられません。議論の真の目的は論破することではなく、相手の共感を得たり、また、意見、情報を交換して新たな発見をするなど新たな価値を創造するために行うことの方が一般的です。その場合において、自分の意見の正当性だけを主張し相手の意見を否定するような議論の仕方では目的に達することはできません。

このように言うと、それは我が国の風土特有のことであって国際舞台ではそうではないと

正しい議論の仕方

思われるかもしれません。外国人の多くはディベートの訓練を受け高度な交渉力を身に着けている。それに伍していくには、ディベート力が必要である。そんな話もよく聞きます。

しかし、私は自分の経験に照らしてもそうではないと考えます。私は若い頃、外交官として国際交渉にかかわってきました。その後、国際課長として多くの国際会議にも出席しました。そのような経験から言えることは、国際舞台ではなおさら正面から相手の主張を否定するようなことはしないということです。

国際会議のように多様な価値観をぶつけ合う場面では、他国の主張を攻撃し論破するのではなく、我が国の主張に正当性があり主張をサポートしてもらえる国を獲得すべく、共感を得るよう努める場面がほとんどです。

議論のためのスキルとしては、冷静に相手に共感されやすいように主張するスキルや質問力のようなスキルの方が実践的でおすすめです。これまでディベート力を培った皆さんには、そのスキルを自分の主張の正当性、論理性をチェックするためのスキルとして使うことをおすすめします。

ポイント

・真の議論の目的は勝つことではない
・相手の主張を論破すると議論に勝っても目的は果たせない
・現実には、どれだけ共感を得られるかの方が重要

後輩の指導係になりました。後輩に接するとき心がけることは何でしょうか？

若いうちは、指導された経験は豊富でも人を指導した経験は少ないものです。しかし、最近は役所でも採用後10年以内の比較的若い職員に新人研修の企画や実施に参画させることが多くなってきました。人は人を指導することでも成長します。場合によっては、指導されるよりも指導する側の方が成長することもあります。実は比較的若い職員に新人の指導を担当させる目的の一つは、指導する側の若手先輩職員の育成なのです。

私も新人を指導する若手職員に対する研修を依頼されることがあります。その研修の内容の一部を紹介します。

● 相手をよく観察する

まず、教育の基本は対象者を正しく観察することです。人は「達成可能な少し困難な課題」を達成した時に、成長感と達成感を味わいます。つまり、適切な課題の困難度は人それぞれ異なるのです。よって、その人にとって適切な課題を設定するには、まずその人の能力、モチベーション、適性を観察してできるだけ正確に把握することが大切になります。相手を見ずして教育はできないということです。

そして、その課題はその人の成長に合わせて常に修正することも大事です。観察は一度だけでなく継続する必要があるのです。効果的な観察には双方向性のコミュニケーションが不可欠です。自由に話ができる雰囲気を作っておくことも望まれます。

●教えすぎない

次に注意すべきは教えすぎないということです。経験の少ない指導者は、自分の使命を全うしようとするがために教えすぎる傾向にあります。しかし、それでは教育効果は期待できません。まず自分で考えさせる。このプロセスが人を成長させます。

教える方にも我慢が求められます。答えを教えるのではなく答えが出てくるのをぎりぎりまで待つ。それでも答えが出てこない場合もヒントを与えてさらに待つ。そんな姿勢で辛抱強く見守るのが真の指導者といえます。

●フィードバックする

最後にフィードバックの重要性も述べておかねばなりません。個人指導のメリットは、一人ひとりに丁寧なフィードバックができることにあります。わざわざフィードバックという

後輩を指導する

カタカナ言葉を使う意味は評価を意味しないからです。指導者が自分の基準を当てはめて評価を下すよりも、できるだけ加工せずに投げ返すことが求められます。

スポーツでもよい指導者は評価ではなく客観的な描写を投げ返し本人に気づきを与えます。「鏡のように」という言葉で適切なフィードバックを表現することがあります。ありのままを投げ返してあげることが意外にも高い教育効果に繋がります。

このようなポイントを踏まえた指導の実践経験は、いずれ部下を持った際の部下育成に応用できます。将来の自分に求められる能力向上のチャンスと受け止めて頑張ってみてください。

ポイント

- 後輩の指導は、自分の成長のチャンスと理解しよう
- 正しく観察しその人にとって適切な目標を設定しよう
- 教えすぎないようにしよう
- 「鏡のように」フィードバックし、本人に気づきを与えよう

カバン持ちをよくさせられますが、忙しいのに秘書のような仕事をなぜさせられるのですか？

●カバン持ちは育成手段

カバン持ちの目的は、ずばり育成です。私も若い時は上司のカバン持ちとして色々な会議や交渉の場面に随行させてもらいました。自分自身の育成も目的としていることは、何となく理解していたものの、正直言って便利に秘書のように使われているといった被害者意識に近い思いを持ったこともありました。

しかし、自分が上司の立場に立ってわかったことは、上司にとっても一人の方が楽かもしれないのに、若手職員の育成のためにやってくれていたのだということです。極めて贅沢な育成の機会を提供してくれていたことに、後になって気づいたのです。

最近は、かなり役職の高い幹部職員でも単独行動をし、それを周りも「手の離れたよい上司」と評価する傾向にあります。しかし、職員の育成という観点からはそのような幹部職員は逆に厳しく評価すべきかもしれません。

公務員とカバン持ち

人は仕事の多くを経験で学びますが、いきなり経験をするのでは失敗の確率が高くなります。特に公務では失敗が許されない局面が多くあります。その中で、疑似体験を積ませる手段としてのカバン持ちは極めて有効な育成手段です。

●上司の仕事を観察できる

カバン持ちの意義は、日頃見ることができない上司の対外的な立ち振る舞いを観察できるだけではありません。内部的に準備したものが、実際にどのように使われるかを知ることにより、仕事の改善、効率化にも繋がります。また、いずれ自分が上司の立場に立った時の部下の育成にも繋がります。

カバン持ち経験の多い人ほど早期に成長する傾向にあると思います。秘書経験者がその後早く昇進する傾向にあるのは、幹部との距離が近いからだけではありません。幹部と同じ経験を早いうちに疑似体験することにより成長スピードが加速したというのがおそらく真相でしょう。

もし、皆さんがカバン持ちのチャンスをもらえたら、進んで引き受けてください。そして、精一杯務めましょう。上司は育成が目的とは言わないかもしれませんが、上司があなたにくれた成長のチャンスなのです。

ポイント

・カバン持ちはあなたの育成が目的

・前向きに捉え、成長のチャンスを活かそう

Column

◆ 研修講師を任されたら　応用編 ◆◆◆◆

公務員の話の傾向の一つに、話が抽象的すぎるというのもあります。これは、公務員が日々匿名性を帯びた環境で、属人的な要素を消しながら書いたり、話したりしていることに起因しているようです。

・具体的エピソードを交える

公務員の講師は、話の中に自分自身が登場人物として出てくることが少なく、「我が国では一般に」や「我が地方自治体においては」という総論や一般論に話が終始するケースが多く見受けられます。それに対し民間の講師は、できるだけ身近な自分の実体験に基づいた話をして参加者の関心を集めます。具体的なエピソードを交えて話す方が、話の内容を伝えるうえで効果的です。なぜなら、人は何か新しい話を聞いた時、自分の過去の経験などを使って具体的な情景をイメージして理解しようとするからです。仮に公共問題を語る場合でも「私は先日○○な経験をしました」「皆さんの中にも同じような体験をされた方がいるかもしれません」というような話を交えて話す方が、興味関心を引くだけでなく、理解されやすくなります。抽象的な内容を自分の経験に落とし込み、具体的なエピソードを交えながら話をしてみてください。

・場数を踏む

公務員の場合、研修を本業としている人は少ないと思います（私はその数少ない例外ですが）。演劇でいえば、日頃脚本家、プロデューサーをしている人が舞台に立つようなものです。しかし、舞台に立つ以上「本業ではない」といった言い訳は許されません。リハーサルをしてから臨むということは、最低限の礼儀ともいうべきものです。

プレゼンで最もしてはならない失敗は、時間管理ができず、タイムオーバーで肝心なことが話せない、また、大幅に時間が延長し、聞き手がそのことにいら立つ状況を作ってしまうことです。時間管理は、場数を踏むとある程度できるようになりますが、誰もが最初は経験ゼロの状況で人前に立つことになります。その場合の対策は、事前の予行演習をすることです。そして、できれば、実際に何人かを前にやってみましょう。

これからの公務員には、「発信する力」が求められます。国民、住民の理解なしには円滑な行政執行は望めません。プレゼン能力を向上させるための手段としても研修の講師を若手職員に任せることは有益です。最終的なゴールは、自分の言葉で話のできる能力を身に付けることです。プレゼン能力とは口だけでなく、頭、そして心の使い方のスキルでもあります。

研修講師の経験は、皆さんにとって貴重な成長の機会となることでしょう。失敗を恐れず果敢に挑戦してみてください。

第5章
公務員の未来

人事は自分の希望どおりにならないのに、キャリアを考える意味はあるのでしょうか？

●日本の人事慣行

キャリアは誰のものか？組織に作られるのか、それとも自分で作るのか？　実は我が国の雇用慣行は、世界的に見ても極めて例外的で、これまで組織がキャリアを作ってきました。「就職ではなく就社と呼ぶべき」という人がいるくらい、一度組織に入ると組織内の配置は基本的に組織が決めます。個人の意見を聞くことは基本的にありません。人事異動命令を拒否すると最初に提示された人事よりも悪い人事案が提示されることが一般的です。

このような我が国特有の人事慣行はメンバーシップ制と名付けられるように、個別のポストへの雇用契約ではなく、その組織の一員となる包括的な雇用契約と整理できます。

諸外国では一般的にキャリアは個人が作ります。組織内でも別のポストへの異動は、ポストに空きが出たときに自分で応募することで実現します。自由がある一方で、自分が積極的な行動をとらない限り昇進もないため、厳しい世界ともいえます。

キャリア自律の意味

一方、我が国の場合は、キャリアを組織によって作られるという不自由さはあるものの勤続年数にほぼ見合う形で昇進することや終身雇用が保障されてきた世界です。

●変わる人事制度

しかし、我が国でも一部の民間企業では終身雇用を保障できない状況となり、それにあわせてキャリア形成の権利と責任を組織から個人に移す動きが出始めました。これまでの組織と個人の相互依存関係を見直す動きといえます。今では、キャリア自律という言葉は一般的にも使われ始め、キャリアデザイン研修なども一般化しました。

役所の人事管理においても変化があります。終身雇用を保障できなくなったということではありませんが、個人が主体的にキャリアを考え、将来を見越して自己啓発に励むことで育成に役立つこと、また、自分のしたい仕事に就くことで仕事と個人のミスマッチを減らし適材適所の配置に近づくこと、などのメリットがあるとされ、組織としてもキャリア自律を促す政策を取り入れるところも現れ始めました。具体的には、部内公募制、フリーエージェント制と呼ばれる制度や職員の異動希望を事前聴取する自己申告制度が導入されました。

ただ、そのような変化はあるものの、今もほとんどの人事異動は組織主導です。定期人事異動とは、組織主導でないと実現しないものであり、もちろん、我が国特有の人事慣行です。

●キャリア自律の意味

そのような人事慣行がある中でキャリア自律の意味は何でしょうか。それは、たとえ主導権が組織にあったとしても職員が常に自分の将来について考え成長に努めることが、職員にとっても有益であることを意味しています。どうせ自分の希望通りにはならないとして自分のキャリアを考えないという姿勢ではなく、限界はあっても自分で主体的に自分のキャリアを切り開く気持ちを持つことが充実した公務員人生に繋がるということです。

自分の得意分野を磨き、活かすためにも何をすべきか、何ができるか、何がしたいかを常に自問し、キャリアを描き続けましょう。

ポイント

- キャリア自律支援政策はあるが、組織主導でキャリアが作られる現状はある
- それでもキャリア自律を諦めてはならない
- 自分の公務員人生を有意義にするためにもキャリアを考え続けよう

左遷されても前向きに

傍流といわれる部署に異動になりました。将来が不安でたまりません…

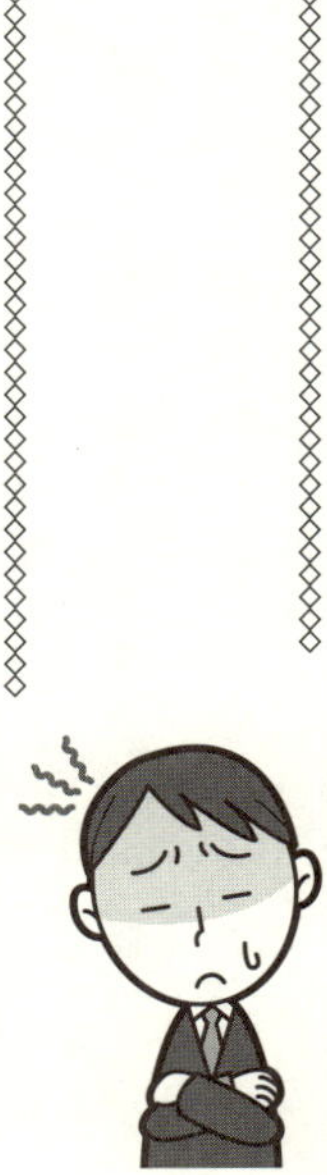

〝花形ポスト〟といわれるポストもあれば、そうでないポストもあります。皆さんの先輩の多くも一度は傍流と思われているところに配置されていることがあると思います。

実はその多くが、厳しい評価結果によって左遷されたのではなく、人事を決めた側からすれば、新たな課題が生まれた部署とか、その部署をテコ入れしようと考えて、あえて有能な職員を配置したに過ぎないこともあるのです。しかし、その思いが伝わらず、そのような人事配置に納得がいかないとして残念なことに悲観的になってしまう職員もいます。

● 傍流ポストはチャンス

傍流への配置をどう受け止めるか。このことがその人の組織におけるその後の価値を決めると言っても過言ではありません。傍流ポストへの配置はピンチではなくチャンスと考えるべきです。

実際、比較的時間に余裕ができる場合が多く、それまでの自分のキャリアを見つめ直すいいきっかけにもなります。また、傍流といわれるポストには、個人にかなりの裁量が与えられていることが多く、自分次第でこれまでにない成果を出すこともできます。そして何より、そのような配置をされた時こそ、人事課や組織の幹部はその働きぶりを注目していることが多いのです。

どこに配置しても腐ることなく成果を出す人材との評価を得ることができれば、その後のキャリアは拓けます。腐らず頑張る姿を心ある上司、未来の上司は必ず見ています。

●職場に本流も傍流もない

私は研修参加者とお酒の席も同席していろいろな話を伺うことがあります。そのような席で行う自己紹介ではいわゆる傍流と呼ばれるような職場での仕事の話がよく出てきます。本流と呼ばれる職場での仕事の話は自分事として話しづらいのに対して、傍流と呼ばれる職場での出来事の当事者は自分だったりすることが多いからかもしれません。

本流と呼ばれる職場では大きな仕事を優秀な多くの人で行います。傍流と呼ばれる職場では大きくないかもしれませんが必要な仕事を少ない人で行うことが多くあります。

本来は職場に本流も傍流もありません。一人当たりの仕事の重要度はどちらも同じと考えるべきかもしれません。私の経験でもそれが実感です。後に楽しい思い出になるよう今の職場で輝いてみましょう。

ポイント
・傍流といわれるポストへの異動はチャンスでもある
・その時の働きぶりこそが真価を問われる
・腐らず、前向きに考えよう

左遷されても前向きに

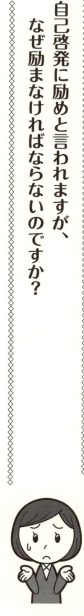

自己啓発に励めと言われますが、なぜ励まなければならないのですか？

●プロフェッショナルの自覚を持つ

本当のプロフェッショナルは、その職業に必要なスキルを身につけることを自分の責任の範囲と考えます。野球選手など、プロ選手をイメージすると、それはごく当たり前のことですが、つい組織に属していると忘れがちになります。組織と自分の責任分担意識があいまいになり、自分のスキルを磨く責任も組織の側にあると錯覚しがちになります。

しかし、皆さんはプロフェッショナルです。本来は、そのポストに必要なスキルがなければ、そのポストに就いてはいけないはずの存在です。実際は、我が国の雇用慣行は、組織主導で人事異動がなされ、新しいポストに就いた瞬間は誰もが十分なスキルを持ち合わせていませんが、それは本来の姿ではなく、早くスキルを向上させ、プロフェッショナルとしての仕事をしなければいけないと考えるようにしてください。それには受け身ではなく積極的にスキルを習得する姿勢が求められます。職場で指導を受けるだけでなく自己啓発に励むこと

自己啓発は自分次第

も、時に必要となります。

● **自己啓発は自分の義務**

仕事に必要なスキル習得は仕事の時間内にやるべきと考えるか、それともそれは仕事をする前提となるもので自分の時間を削ってでもやるべきと考えるか。両者の考え方の違いは、その人の成長にとって致命的な差をもたらします。

もちろん、後者の考え方ができれば、その人はきっと成長できます。自分の時間を削ってまで仕事に関係したことはしたくないと考えると自分で自分の成長にブレーキをかけることになります。

誤解がないように付け加えると、これはサービス残業とは違う話です。自分の意思で、自分を成長させるために、自分の時間をどこまで使うかという話です。一流のプロスポーツ選手は、厳しい練習を「させられた」のではなく「自分の意思でする」と考え、その苦労を人にアピールなどしません。なぜなら厳しい練習は自分のためであり、プロとして当然の義務と理解するからです。

自己啓発を自分の責任、プロとしての義務と捉え、習慣化する。そのことで、自分のキャリアは自分で作っていると実感できます。そのことにより、自分の成長をより実感できるようになります。

ポイント

・自己啓発は自分の責任（義務）と考えよう
・自分のスキルは自分で磨くという意識を持ったプロフェッショナルを目指そう
・自己啓発を自分の責任と考えることが成長に繋がる

自分の限界を設けない

大きな夢を持てと言われますが、自分は大過なく公務員人生を送れればそれでいいと思っているのですが…

ほどほどに生きる。高い目標をあえて設定せず楽に生きる。それはそれで一つの生き方のように思えます。しかし、ほどほどに生きるということもそれはそれでとても大変なことだと思います。なぜなら夢や希望は人生を送る上でのエネルギー源であり、それを持たずに生きることの方が厳しいように思えるからです。

自分であらかじめ限界を設けた方が楽になるように思うかもしれません。しかし、人生には「ほどほど」という快適ゾーンがある訳ではなく、どの状態であっても楽しく、また厳しいゾーンが連続して存在すると考えた方が間違いないと思います。

●早々に限界を設けない

私から皆さんへのメッセージは、「自分で自分の限界を設けてはならない」ということです。早々に限界を設けてしまうと次のような時に大変です。

一つ目は、失敗をした時です。仕事を始めると最初は誰もうまくいきません。もちろん、

失敗をして上司や先輩から叱られたりもします。その時、自分の中で高い目標を持たずに「ほどほど」と思っていると、一気に自信を喪失してしまいかねません。失敗から学ぶ。失敗は成長の糧というように失敗を教訓として前向きに考えるには、高い目標が支えとなります。

二つ目は、厳しい人事評価を受けた時です。人事評価制度では、厳しく働きぶりが評価されます。「ほどほど」に働きさえすれば、「ほどほど」の評価は貰えると思うかもしれませんが、人事評価制度はそのようにはできていません。少し頑張れば達成できるレベルに目標を設定することが求められ、常に結果が厳しくフィードバックされます。

人事評価制度があるから「ほどほど」ではなく高い目標を持て。そんなことを言うつもりはありません。「ほどほど」と最初から目標を設定していると、厳しい評価を受けたときの気持ちの整理がより厳しくなることを言いたいのです。人は、挑戦をして失敗したなら自分の中で納得ができます。しかし、自分の意思に反して挑戦させられ、その結果、失敗に終わった場合にはなかなか納得ができません。

●評価のためではなく自分のため

限界を設けず高い目標を持つことが自分の心を保つには必要だということをお話しまし

自分の限界を設けない

た。もう一つ付け加えるならば、目標は自分で設定することがとても重要です。高い人事評価をもらうことだけを考えて目標を設定すると、自分の本当の気持ちとズレが生じ、仕事本来の楽しみから自分の気持ちを遠ざけてしまう原因となります。

人事評価制度の業績目標は、「いついつまでに、何々を、何割まで実施すること」をあらかじめ具体的に記すことが求められます。しかし、具体的な数値目標だけに囚われてしまい、仕事本来の目的や自らの使命を忘れるようなことがあってはなりません。目標設定をすることによって、目先のことに囚われたり、また逆に自分の限界を設けてしまったのでは本末転倒になります。

このような罠にはまらないためには、人に評価されることを仕事の目的と考えないことです。評価は仕事の後についてくるというくらいに構え、仕事の本来の目的を忘れず、高い目標を掲げる。この姿勢こそが大事です。

ポイント
・自分で限界を設けないようにしよう
・高い目標が自分の支えになる
・人の評価を気にしすぎず、評価は後からついてくると考えよう

スーパー公務員と呼ばれる公務員の共通点は何でしょうか？

●スーパー公務員の共通点

　私は研修の企画、実施を担当する立場で多くのスーパー公務員と呼ばれる人々に講師をお願いして実際に何人もお会いしました。そこで講師控え室での会話も含め、感じたことをお話します。

　スーパー公務員と呼ばれる公務員の共通点をあげれば、①陰で努力を惜しまない、②楽しそうに夢を語る、③常に未来を指向していることだと思います。人は今置かれている状況に不平不満を言ったり、過去を後悔したりしがちです。しかし成果を出す「すごい公務員」は、そのような状況を変えることも自分の役割であるとして常に主体的に問題解決を図ろうとします。たとえ失敗をしたとしても、後悔するのではなくそこから未来への教訓を得ようとします。

　また、他人からみるとすごい成果を出している人も本人が自慢することはほとんどありません。なぜなら「すごい公務員」は次の目標達成に向かってすでに走り出していることが多いからです。

●常に目標を高く設定

さらに言えば、常に高いところに目標を設定しています。目標を考える際、自分が今やれることの範囲で考えるのではなく、これからやるべきことは何か、それを成し遂げるためには何をすべきかを考えます。つまり、未来と自分に焦点を当てて常に挑戦している。そんな前向きな姿勢が成果に繋がっているのではないかと感じられます。

スーパー公務員と呼ばれる人々の中には、もしかするとそのように呼ばれることに違和感を覚えている方も多いかもしれません。それは、自分としては当然のこととして受け止めていること、そして、そのように評価されることを自分の目的にはしていないからです。

人の評価を気にして自分のために頑張るのではなく、人の評価は関係なく人のために頑張る。そのような生き方、働き方こそ、スーパー公務員と呼ばれるプロの公務員を作るのです。

ポイント

・すごい公務員は努力を惜しまない
・主体的に考える
・自慢することなく、次の目標に向け走っている
・評価を気にして自分のために頑張るのではなく、評価を気にせず人のために頑張ろう

成長する公務員の条件はあるのでしょうか？

　私は、研修の現場で長年多くの公務員を見てきました。新人研修で出会った職員と5年後、10年後に再会するということもあります。また、事務次官をはじめ成功した多くの公務員の話を聞く機会も多くあります。

●公務員の3つの条件

　そこで、私の理解する将来活躍する公務員の条件を挙げてみたいと思います。

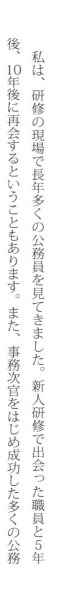

　それは、
①　自己認識ができていること
②　謙虚に学ぶ姿勢を持っていること
③　人との関係を大事にすること
の3つだと思います。

　まず、「自己認識」とは現在の自分を客観視できていること。そして、理想を単なる理想ではなく具体的な目標にして、その目標を達成するには今何をすべきかを考え、行動を習慣化することです。自己認識を心がけ、理想と現実のギャップを正しく理解することは、自己成長には欠かすことができない重要な要素なのです。

次の「謙虚に学ぶ姿勢」とは、自分の知っていることがまだまだ不十分であると思い、常に誰からでも学ぼうとする姿勢のことです。私は仕事上、各界で成功された方々にお会いすることがあります。成功者に共通するのは、特にこの「謙虚さ」と「学ぶ姿勢」です。私のようなものからでも興味をもって話を聞いてくださる方がとても多いのです。そのような姿勢だからこそ成長し続け、成功されたに違いありません。

特に公務員にとって謙虚さは国民、住民との関係において更に重要だと思います。心の底から謙虚でなければ、その心は態度に表れます。時々、自分は謙虚でいるかどうか自問自答してみるといいでしょう。

最後の「人との関係を大事にする」とは、人と真面目に向き合い、尊重し、決して信頼を裏切らないことです。信頼を得るには、何時間もの辛抱が必要ですが失うのは一瞬です。約束を守る。感情にまかせて関係を損なわない。そのような地道な行動が信頼を作ります。

逆に、自分を過剰に大きく見せたり、過去の成功体験に囚われたり、約束を平気で違えるような人は信頼を失い、自分の成長を止めてしまいます。時に厳しいことを言ってくれる上司、仲間を大事にしましょう。嫌われたくないから嫌なことは言わない人は多いものです。しかし、本当に自分のことを思って厳しいことも言ってくれる人を大事にする。そのような姿勢を持ちたいものです。

ポイント

・大事な条件は、「正しく自分を認識する」「謙虚に学ぶ姿勢を持つ」「人間関係を大事にする」の３つ

・厳しいことも謙虚に受け止め、成長し続ける公務員を目指そう

将来成長する公務員

Column

◆体験は内省し教訓にする◆◆◆◆

皆さんはこれから様々な体験を積んで成長します。人の成長には体験が最も重要です。しかし、体験するだけでは成長はしません。体験だけで成長するなら多くの人は年齢を重ねれば重ねるほど成長することになります。しかし、現実はそうではありません（歳を重ねた私が言うのでここは素直に信じてください）。

・教訓と内省

体験した後、それを材料にして将来への「教訓」にすることができるかどうかがカギとなります。「教訓」とは同じような事態に遭遇した時に、より正しい判断をするための自分なりのルールです。

経験から導き出した仮説を持って、新たな経験をする。そして仮説に修正を加え、仮説を自分の信念へと磨き上げる。そんな感覚です。経験から教訓を導き出すプロセスに必須なのが、「内省」です。内省とは、自分の考えや行動を深く省みることですが、その時々の自分の意識がどうであったかをつぶさに思い起こし、素直に客観的に自分を観察することが肝要です。自分がその時持っていた意識を思い出し、意識レベルまで振り返ることで教訓に繋がります。

「○○をして失敗した。だから次は○○しないようにしよう」というように行動だけを反省すると、応用が利かず果てしなく試行錯誤をすることになります。そうではなく、意識の持ち方まで反省しこれからはどのような心構えで臨むべきかと発想することで応用が利くようになります。

ただ、自分ができる体験には限界があります。そのため自分の成長を加速するには、他人の体験を追体験することが有効です。優れた古典文学を読むことは自分の成長にもなります。また、幅広い教養も必要です。

重ねて言います。多くを経験さえすれば、いろいろなものが深く理解できるようになるということはありません。私も若いときは漠然とそのように思っていましたが、自分の経験に照らしても決してそんなことはないと断言できます。人は歳をとると成長するという人もいますが、そんなこともありません。長く生きたことのメリットは経験の数が多いという成長のための材料を手に入れたことに過ぎません。その経験という材料を成長に変えるには、経験を内省し、未来への教訓にする必要があります。僅かな時間でもいいので、毎日その日一日の自分のしたこと、思ったことを振り返るようにしてみてください。成長するには行動を、そして行動を変えるには習慣を変える必要があります。内省を習慣にしてみましょう。

あとがき

多くの国の機関や自治体に研修講師として呼んでいただき、大勢の公務員の方々と直接交流する機会をいただいています。ご評価いただいている最大（もしかすると唯一）の理由は、私が現役の公務員であることのようです。

一般的に、主語を相手としたＹＯＵメッセージよりも、主語を自分とするＩメッセージの方が相手に伝わりやすいといわれています。公務員の皆さんに講演や研修をさせていただく時、私が公務員であることから私の発するメッセージの主語は自然と「私たち」、つまりＷＥメッセージとなります。ＷＥメッセージはＩメッセージ以上に心に届きやすいのではないかと思います。

もちろん、この本もＷＥメッセージで書かれています。公務員として決して成功者とはいえない私の失敗と本音、研修の場で参加者の方々からお聞きした様々な意見や経験談を踏まえた「私たち公務員」の本です。

この本が、未来の行政を担う皆さんの公務員人生に少しでも助けになれば幸いです。

この場で感謝の念を伝えたい方は多くいらっしゃいます。いつも暴走気味の私を辛抱強くご指導くださった人事院の諸先輩、ダメ上司を諦めずにサポートしてくれた元部下の皆さん、新参者を温かく迎えていただいた立命館大学の皆様と可愛い教え子達、私を起用し続けていただいている全国の公務員研修関係者の皆さん、いつも刺激をいただく大局的な会という研修ＯＢ会の仲間、そして貴重な執筆の機会をいただいている「月刊ガバナンス」の編集者の皆さん、この本の企画、出版を担当していただいた皆さん。皆様の助けがなければ、決してこの本は世に出ることはありませんでした。

私は親戚一同ほぼ全員が公務員という環境で生まれ、小さい時からいつも公務員のことを考えて育ちました。私も国家公務員となり、今では二人の子供美佳、直樹もそれぞれ地方公務員、国家公務員として活躍してくれています。最後に、いつも私に良心とは何かを教えてくれる心優しい妻美代子にもこの場を借りて感謝させてください。

平成29年3月

高嶋　直人

●著者紹介
高嶋　直人［たかしま・なおひと］

人事院公務員研修所主任教授。

早稲田大学政治経済学部卒、在ウィーン日本政府代表部一等書記官、人事院公務員研修所教授、同研修指導課長、同国際課長、同総務課長、立命館大学院公務研究科教授等を経て現職。

自治大学校、JIAM、大阪市等の自治体において、「公務マネジメント」「人材育成」「公務員倫理」などの研修講師を務める。

主な著作に『部下を上手に伸ばすOJT』［共著］（2008年、公務研修協議会）、『公務員講座』（2013～2014年「地方行政」連載、時事通信社）、『人財マネジメント講座』（2016年～「月刊ガバナンス」連載、ぎょうせい）などがある。

読めば差がつく！　若手公務員の作法

平成29年４月20日　第１刷発行
令和３年６月３日　第６刷発行

著　者　高嶋　直人

発　行　株式会社　ぎょうせい

〒136-8575　東京都江東区新木場1-18-11
URL：https://gyosei.jp

フリーコール　0120-953-431
ぎょうせい　お問い合わせ　検索　https://gyosei.jp/inquiry/

〈検印省略〉

※乱丁・落丁本はお取り替えいたします。　印刷　ぎょうせいデジタル㈱

ISBN978-4-324-10299-2
（5108333-00-000）
［略号：公務員作法］